AF368642

L'ENFANCE

DE

NAPOLÉON.

Poissy, Imp. d'Olivier-Fulgence et Comp.

L'ENFANCE

DE

NAPOLÉON

depuis sa naissance jusqu'à sa sortie de l'École Militaire,

PAR

Le chevalier de BEAUTERNE.

— ◦ —

PARIS,

OLIVIER-FULGENCE, ÉDITEUR.

LIBRAIRIE FRANÇAISE ET ÉTRANGÈRE,

PLACE DE LA MADELEINE, 24.

1846

AVIS

AU LECTEUR.

—

Cet ouvrage, l'*Enfance de Napoléon*, con-
tient les neuf premiers chapitres d'un ouvrage
plus considérable, pour lequel l'auteur avait
recueilli, par avance, de nombreuses sous-
criptions, sous le titre de : Biographie morale,
*Histoire des qualités et des défauts, des vices et
des vertus, de la morale et de la religion de
l'empereur Napoléon.* Une maladie cruelle,

a depuis trois ans, empêché l'auteur de pouvoir mettre en ordre et rédiger les nombreux matériaux amassés, pour terminer un tel ouvrage. Dans l'ignorance où il est de sa guérison ou de la volonté de Dieu à son égard, à laquelle il desire tous les jours se résigner davantage, il a donné à lire à son éditeur, ces neuf chapitres, qui paraissent aujourd'hui détachés et isolés, mais formant un tout complet assez satisfaisant à l'esprit, sous le titre de l'*Enfance de Napoléon*. L'auteur et l'éditeur ont pensé que dans un moment, où l'on va discuter la loi sur l'éducation, cet ouvrage consacré à l'éducation de Napoléon pourrait sinon jeter quelque lumière sur la question, du moins lui emprunter un intérêt qui aiderait à son succès.

DÉDICACE

A LOUIS XVI

D'IMMORTELLE ET RELIGIEUSE MÉMOIRE.

Je dédie au Roi martyr l'Enfance de Napoléon.

En donnant à Napoléon, dans les écoles fondées par les rois ses ancêtres, le bienfait gratuit d'une éducation profondément chrétienne, Louis XVI ne fut pas seulement le bienfaiteur de l'écolier corse, mais celui de ses peuples. Religieux héritier de la famille la plus illustre, la plus française, la plus chrétienne, qui soit au monde, il continua l'œuvre de sa race, assura la perpétuité de la foi dans son royaume, protégea la religion, en assurant la foi, en protégeant la naissance et le développement de la religion de l'impérial enfant, son futur successeur, selon les décrets inscrutables de la divine Providence.

Puisse l'immortel exemple de l'éducation chrétienne de Napoléon, et le souvenir de tous les fruits glorieux et subsistants qu'en a recueillis la nation française, rappelée à la foi de ses pères par ce grand homme; puisse cet exemple et ce souvenir influencer nos législateurs, et les persuader de cette primordiale et universelle vérité, reçue par toutes les nations, que la religion est le premier besoin des peuples! Les sciences, les lettres et les arts florissent naturellement à son ombre et sur ses pas, comme le prouve le siècle de Louis XIV, qui, pour être

religieux, n'en fut pas moins savant et litté-
raire.

Puissent-ils, ces législateurs, éclairés par la
lumière qui éclairait nos rois et l'empereur
Napoléon, comprendre qu'avant d'être helléniste,
latiniste, voire chimiste et mathématicien, un
enfant doit être honnête homme, bon fils et bon
chrétien, résultat qui ne peut être obtenu qu'en
donnant pour première base, pour base unique et
fondamentale à l'éducation, la religion !

Le chevalier DE BEAUTERNE.

PRÉFACE.

Formez l'enfant à l'entrée de sa voie,
car il ne s'en éloignera pas même dans
la vieillesse.

PROVERBES, ch. XXII, v. 6.

A chaque nouvel ouvrage sur Napoléon, il est des personnes qui disent : *En voici bien assez sur Napoléon ;* elles se trompent. Napoléon est toujours l'idole du public, et la magie de son nom ne diminue pas. Nul homme, peut-être, n'a fait sentir jamais l'action d'un génie tout humain aux autres hommes, avec une puissance pareille à la sienne. Cette action, cette puissance lui survivent. Ce ne sont plus les cris de joie, le délire de l'enthousiasme avec lesquels les peuples, avides de le voir, en se précipitant sur son passage, accueillaient jadis sa présence; non, sans doute : on ne voit plus son corps, mais on voit sa volonté qui a les qualités du diamant; on admire l'amplitude de sa mémoire, grande comme le monde, et l'esprit cherche les mille rayons étincelants et lumineux de son esprit, soleil de la politique, descendu maintenant sous l'horizon. Son nom possède le pouvoir des grands noms, l'attrait mystérieux et indéfinissable qui réside dans les chefs-d'œuvre de l'art, dans les prodiges de la Nature, que l'on n'a jamais fini de voir et d'admirer, que l'on ne quitte point sans la pensée d'y revenir. N'est-ce point là ce que chacun de nous éprouve involontairement à regarder la silhouette militaire qui décore le bronze de la colonne Vendôme? C'est aussi l'impression grandiose que reflète le seul nom de l'Empereur dans l'esprit des masses. Napoléon mérite-t-il cette admiration? Je laisserai chacun en juger à sa guise; mais le fait ne peut être nié que par l'aveuglement de l'esprit de parti. Les grands hommes sont les points fixes, les pôles aimantés, autour desquels tourne invariablement la mobile et inconstante humanité.

Nous ne pouvons attribuer qu'à cette idolâtrie du public pour son héros le succès de notre précédent ouvrage, *Sentiment de Napoléon sur le Christianisme*, traduit, aussitôt que publié, en italien, en espagnol et en allemand, et qui compte six éditions en France, dans des formats différents, quoiqu'il n'ait pas échappé aux honneurs de la contre-façon en Belgique, où l'on ne se lasse pas de le réimprimer. Cependant ce volume n'est qu'une étude de quelques années de la vie de Napoléon, les années de sa captivité et de sa mort. Nous nous sommes demandé si l'étude des premières années de sa vie, à notre point de vue, celui de la conscience, de la morale et de la religion, si cette étude, embrassant sa naissance, l'éducation du foyer domestique, et le temps qu'il passa en France, dans nos écoles militaires, jusqu'au jour où il en sortit pour prendre son rang d'officier au régiment de Lafère, à Valence, ne serait pas une œuvre utile, n'exciterait pas encore la curiosité, en réveillant de nombreuses sympathies, avec ce titre : *L'Enfance de Napoléon.*

On ne nous contestera pas du moins un

mérite, celui de l'originalité. A ce point de
vue, Napoléon est un sujet neuf, un sujet *vierge*. Nul des auteurs nombreux qui
ont écrit sur lui n'en a eu l'idée, ne
l'a même effleuré ! En effet, la moralité
d'un enfant et la religion d'un écolier,
qu'est-ce que cela pour messieurs tels et
tels ? Tacite, Tite-Live, Sénèque, Xéno-
phon, Plutarque, Thucydide, Hérodote,
pensaient différemment, eux qui donnent
à la peinture des cérémonies de la religion, à l'exposition des croyances des
peuples, aux réflexions morales, une si
grande place dans leurs récits. Le luxe, la
richesse et l'industrie étaient pour ces historiens des choses viles ; ce qui leur paraissait
digne d'éloge, c'était la vertu, la religion ;
leur plume, qui célébrait la pauvreté des
républiques de Rome et de Sparte, flétris-
sait le faste des rois de l'Orient ; les palais de
marbre d'Auguste leur inspiraient moins de

respect que les toits de chaume de Romulus.
Que nous sommes loin de tels sentiments
et de telles doctrines ! Il est vrai que ces
auteurs étaient païens, et leur simplicité
rendait au mensonge un tribut d'hommage et d'adoration, que notre respect
humain n'ose plus rendre à la vérité de
l'Evangile.

D'ailleurs, pour peindre Napoléon, guerrier, homme d'état, souverain, les faits
abondent : qu'est-il besoin de réfléchir ?
Avec une plume et de la mémoire, un
méchant écrivain peut lui-même écrire
des volumes ; la tâche est différente, quand
il s'agit d'écrire la vie de Napoléon enfant,
de Napoléon écolier : nous espérons que le
public nous saura gré de notre conception,
de nos efforts, et des faits curieux, inédits,
dont nous indiquons successivement, en les
citant, la source honorable et authentique.

Les historiens ont cité des traits de l'enfance de Napoléon ; mais aucun certainement n'a écrit son enfance. Un sujet si humble n'était pas digne de leur génie ; peut-être aussi ont-ils redouté la sécheresse, la stérilité, la monotonie et l'uniformité, les détails d'une vie d'écolier ? Ces objections nous ont arrêté nous-même ; mais nous nous sommes persuadé qu'il ne serait pas indifférent de connaître les faits et gestes d'un tel écolier, quelle fut son éducation, enfin l'histoire détaillée de l'éclosion de son intelligence et des qualités d'un génie de cet ordre. Tel est notre but en offrant au public *l'Enfance de Napoléon*, esquisse religieuse, dans le genre d'une de ces images du moyen-âge échappées au vandalisme, et qu'on voit encore sur quelques vitraux de nos cathédrales, où les traits de l'âme sont surtout accusés et dessinés, et le corps à peine indiqué avec un

crayon mystique... En effet, nos pères pensaient que c'est l'esprit qu'il faut peindre :
car l'esprit, c'est l'homme. Ce n'est plus
là le goût du jour, je le sais : jadis, l'idéal
céleste, le pur, l'éternel, dominaient dans
toutes les compositions ; aujourd'hui, c'est
l'idéal de l'impureté et du crime ; à quelle
œuvre infâme des gens de lettres se sont
voués ! Ce sont l'extérieur, les accidents,
les surfaces que l'on aime, les chairs, le
coloris, enfin les mille mensonges d'un
corps qui périt. Ces merveilles de la fantaisie moderne ouvrent, à leurs auteurs l'a-
cadémie, même la Chambre des Pairs.
Ainsi, le sanctuaire des lois et le temple du
goût sont déshonorés par des imaginations
plus déréglées, dans leurs croyances morales
et littéraires, que nos révolutionnaires les
plus exaltés n'étaient déréglés dans leurs
croyances politiques. Il suffisait jadis aux
lecteurs d'entrer dans l'esprit de leurs au

teurs : là se bornait leur ambition. Je doute
qu'Horace ou Virgile, Molière ou Racine,
eussent voulu se mêler du gouvernement
de l'Etat; il est vrai que le succès de leurs
pièces les retenait fort occupés au théâtre,
tandis que les chutes de nos faiseurs de
drames leur laissent tout le loisir d'être
pairs de France. Les littérateurs aspirent à
plus encore : ce n'est pas assez d'être de la
Chambre des Députés et de la Pairie; il
leur faut un portefeuille de ministre, et bientôt leur exigence nous arrachera nos églises,
pour nous prêcher de nouvelles religions et
de nouvelles chartes. O progrès des lumières ! au lieu du banc des évêques, on cons-
titue à la Chambre des Pairs le banc des
faiseurs de romans et de madrigaux. Dans
l'ancien régime, les ouvrages immoraux
étaient des exceptions; et tant la morale et
l'empire de la religion étaient puissants,
jusque dans les romans et sur le théâtre,

les auteurs étaient chrétiens, ou du moins subissaient encore l'influence du christianisme. La tragédie de *Phèdre* est toute chrétienne; et les remords du tribunal de la pénitence éclatent dans plusieurs scènes, avec toute l'éloquence de la poésie et du génie. Voltaire, qui dédiait au pape la tragédie de *Mahomet*, sème à profusion, dans *Alzire*, dans *la Henriade,* et dans une foule de pièces de vers, des sentences de l'Evangile et des maximes empruntées à la chaire chrétienne. Du temps de Voltaire, quel académicien, dans son discours de réception, eût osé ne pas se vanter, tout haut, d'être chrétien? Aujourd'hui, quel changement! La littérature ambitieuse ne connaît plus rien de naturel ou de religieux, et l'imagination n'a de feu que pour peindre le libertinage, les passions honteuses, et les scènes les plus hideuses de nos cours d'assises. Un auteur qui écrit au point de vue

de l'Evangile est une singularité. La religion existe encore dans les églises, oui ;
mais elle est bannie de la littérature et de la
politique ; et nos académies ne lui offrent
plus que l'hommage insultant de leur silence ; et l'Etat la renie en disant : *Je ne la
connais pas.*

Pour en revenir à notre sujet, dont nous
nous sommes trop écarté, nous termine-
rons cette digression en disant que la peinture exagérée des détails et de l'accessoire,
en littérature, est la négation de l'art et sa
perte. En effet, l'art consiste principalement
à placer les objets dans leur plus beau point
de vue, et à ne reproduire les personnes et
les choses que sous l'aspect le plus convenable, relativement à l'idée principale : le
mépris de ces règles dénote une ignorance
complète des premiers éléments de la composition. Ces règles furent respectées dans

tous les écrits des maîtres et des élèves du
grand siècle; mais la plupart de nos auteurs, de nos grands hommes modernes
les ont négligées, et, au lieu de reconnaitre
leur erreur, ils préfèrent accuser le public,
qui ne veut plus de vers ni de poésie, disent-
ils. L'illusion du succès momentané obtenu
par des productions indignes, c'est le man-
nequin doré, paré, brillanté, parfumé, ver-
millonné, à persuader, de loin, qu'il est un
être vivant; approchez-vous, ce n'est qu'un
bois grêle et chétif, un cadavre de moisissure.
Voilà les drames et les romans, voilà la
poésie du jour! Le public l'a compris et jugé
ainsi! Le public ne veut plus de votre poésie,
Messieurs, c'est vrai : il a honte de s'être
laissé tromper si longtemps, au bruit so-
nore de vos alexandrins, vides d'idées,
de convenance et de vérité : car le bruit
n'est pas de la musique, plus que les idées
ne sont toutes des vérités; et vous n'êtes

que bruit et mensonge. Mais donnez au
public des *Lucrèce* ou bien des *Epître à
Lord Byron*, et il vous prouvera, par son
enthousiasme et ses applaudissements, qu'il
aime les vers et la poésie. L'homme meurt,
mais la poésie ne meurt pas, et le cœur hu‑
main cessera de battre, avant de cesser
d'aimer les bons vers.

Mes ouvrages sont les inspirations de ma
foi; mais je m'inspire aussi du nom de
Napoléon. Une des gloires les plus pures
de son règne, ce fut de tenir enchaînée, par
l'ascendant de son génie, cette horde d'esprits
faux et de cœurs corrompus, qui inondent
aujourd'hui le champ de la publicité du
torrent impur de leur dévergondage. Quelle
part n'a-t-il pas eue au succès du *Génie
du Christianisme?* Sans l'épée de Napoléon,
qui signait le Concordat, qu'était-ce que la
plume de M. de Châteaubriant, qui en cé-

lébrait les avantages? Qui peut douter qu'avec plus de foi, et surtout plus de pratique de la religion, la bouillante jeunesse de l'auteur d'*Atala* et de *René* eût à son tour, en produisant des fables moins païennes et moins romanesques que celles qui déparent son chef-d'œuvre, aidé plus puissamment encore au triomphe de la religion? Hélas! les auteurs, si grands qu'ils soient, ne sont bien que des *faiseurs de livres*, comme Rousseau les appelle! et tout le flot des phrases élégantes, et l'océan des images et des périodes harmonieuses du *Génie du Christianisme*, ne suffisent pas pour laver le venin et les souillures qu'impriment dans l'âme les idées bizarres et les conceptions excentriques du sujet d'*Atala* et de *René*. Combien de phrases, dans ces romans, qui doivent fausser l'esprit, corrompre le cœur! Je doute qu'on puisse en citer une seule de Napoléon.

Sous ce rapport, les ouvrages moraux ont une portée politique qui les signale à l'homme d'état. La renommée de M. de Châteaubriant prouve que la mine d'or de l'Evangile, après avoir fourni tant de sujets à la littérature, est toujours riche, pour récompenser ceux qui viennent encore creuser son sol sacré. Je n'avais pas besoin de réussir, pour être convaincu qu'il est plus glorieux et plus utile de servir la vérité que le mensonge ou la fantaisie. Puisse ce succès en persuader d'autres !

Plusieurs me traiteront peut-être d'homme fanatique ; mais je me résigne d'avance, et j'accepte le stigmate dont nos prétendus esprits forts voudraient marquer mon nom ; la vérité, c'est que je suis *chrétien, catholique romain.*

Le monde dédaignera peut-être une lecture dont les feuillets sont à peine assez nombreux pour faire naître l'ennui ; mais la dimension de la toile ne relève ni n'avilit un ouvrage, et le brin d'herbe possède un agrément et quelque utilité dans son petit espace.

Dans un temps où l'on discute la loi de l'enseignement, le meilleur mode à adopter pour l'éducation, la convenance de livrer la jeunesse aux laïcs ou à des ordres religieux, peut-être plusieurs voudront-ils connaître à quels maîtres Napoléon fut confié, la doctrine qui forma son cœur et son esprit, enfin les principes de son instruction et la morale de son éducation. C'est ma conviction intime, que je ne crains pas d'exprimer, comme le fondement de ma conception, qu'il n'eût pas été Napoléon, le vainqueur de la révolution, le signataire du Concordat, s'il n'avait pas été le fils d'une Italienne, le neveu d'un prêtre,

Lucien Bonaparte, l'archidiacre d'Ajaccio, qui fut aussi son tuteur, (je ne parle pas du cardinal Fesch, qui n'eut sur lui qu'une influence très contestable), l'élève du roi, enfin et surtout l'écolier des bons religieux Minimes à Brienne. L'éducation chrétienne de ces bons religieux a pesé sur toute sa vie ; sans eux, Napoléon est un phénomène qu'on ne peut définir ; il a puisé, dans le souvenir de leurs leçons, ses meilleures et ses plus hautes inspirations. La moralité de sa jeunesse, qui sait réagir contre les sophismes et maudire les crimes des révolutionnaires, découle de cette source pure : si, général de la république, il affiche aussitôt un respect inaccoutumé des prêtres et de la religion ; si, premier consul, il renoue avec le saint siége ; si, dans ses querelles avec le Souverain-Pontife, son orgueil a peur de s'égarer dans le schisme, et recule devant l'hérésie; enfin, s'il est mort chrétien à Sainte-Hélène, il faut

c.

l'attribuer surtout à son éducation. Combien le choix de bons instituteurs est donc une chose grave ! On le comprendra par le narré historique de l'esprit si différent puisé dans leur éducation, par la plupart des hommes du même âge que Napoléon, et qui fut la cause de leur égarement, de leur propre ruine et des désastres de la patrie.

En 1762, la France, vile esclave des philosophes et des maîtresses de Louis XV, liguée avec toutes les cours catholiques, chasse les Jésuites de son territoire, et fait fermer, par arrêt du parlement, leurs maisons d'éducation. C'était dans leurs colléges que la meilleure partie de la jeunesse allait s'instruire de préférence ; les encyclopédistes et madame de Pompadour accusaient leur morale d'être *relâchée*. Les futurs assassins de Louis XVI leur reprochaient d'avoir du penchant pour la doctrine du régicide. La colère et la haine ne réfléchissent pas. La jeunesse se trouva momentanément sans instituteurs. Ce furent les parlements, les gallicans, les jansénistes, qui, de concert avec les maîtresses de Louis XV, se chargèrent d'y pourvoir, sous le patronage de la philosophie. A la place des Jésuites, on vit des laïcs s'improviser, du soir au matin, instituteurs, au son du tambour, qui, remplaçait la cloche, comme un signal de guerre et de bouleversement social ; comme un présage que la guerre et le glaive allaient verser leurs fureurs sur la terre, pendant que la paix de l'Evangile remontait aux cieux ! On vit alors surgir, dans l'enseignement, des philosophes avec des philosophies qui disputaient le cœur et l'esprit de la jeunesse au christianisme. Tite-Live et l'histoire romaine, avec l'histoire des républiques grecques, étaient mis au dessus de l'Evangile, dont on ne parlait plus que pour s'en moquer. La jeunesse n'avait plus d'encens que pour l'abbé Raynal, l'abbé de Mably, l'abbé de Condillac, tous abbés, abbés fort peu catholiques, mais en réputation d'être de grands penseurs, de grands philosophes, philantropes et matérialistes, pédadogues émérites qui seraient certainement conseillers de l'Université, pairs de France, ambassadeurs ou ministres, s'ils avaient le bonheur de vivre sous le régime actuel de notre très excellent, très pacifique, très industriel gouvernement constitutionnel.

Ce fut dans ces écoles laïques, fondées sur les débris de celles des jésuites, que se forma la génération de 93, on sait ses œuvres : elle prétendit follement remplacer les croyances, la famille, la royauté, la patrie, la nature elle-même et la religion, tout en un mot, par la fureur de l'idéologie et des utopies politiques, déplorable et inévitable conséquence des progrès de l'orgueil humain ! en desséchant le cœur, l'orgueil éteint tous les sentiments dans leur germe. Le cœur était mort, la tête seule existait chez ces idéologues !

Elevée par des maîtres laïcs, la génération actuelle ressemble à la génération de 95, par sa rage d'innover ; mais, dépourvue d'énergie, elle n'a plus que celle de vomir sur le papier des rêves, des redites continuelles de palingénésie sociale, de sottes et basses médisances contre les ancêtres, (race abâtardie, qui ne sait pas que la plus grande lâcheté est d'insulter son père), enfin les critiques et les injures grossières que se renvoient quotidiennement nos journaux, sorte de commérage de portières, qu'il nous faut subir tous les jours ; tintamarre diabolique, vraiment assourdissant pour d'honnêtes oreilles ! Voilà le fruit de l'enseignement laïc ! Reconnaissez l'arbre à ses fruits !

Cet enseignement n'a produit et ne produira jamais que des bavards et des idéologues : c'est tout simple, il nourrit l'esprit et laisse le cœur vide. Un professeur de grec et de latin fera toujours et naturellement de son écolier un latiniste et un helléniste, avant d'en faire un bon fils, un honnête homme et un bon chrétien. L'énergie des hommes de 93, que l'on cite trop souvent comme une excuse de leurs forfaits, était un reste, une dernière étincelle de la foi catholique, puisée dans les écoles du clergé, et transmise à leurs élèves par les maîtres laïcs de cette génération sanguinaire. Mais, dit-on, ils ont gardé intact le territoire : ils n'ont fait, là, que continuer l'œuvre des nobles, des prêtres et des rois, avec cette différence que ceux-ci l'ont créé et conservé intact, en agrandissant toujours ce territoire, pendant une durée de temps de plus de mille ans; et que, depuis 1789 jusqu'à nos jours, grâce à Lafayette et à ses amis de 89, Paris a été pris deux fois, et deux fois l'intégrité du territoire français a dépendu de la volonté des cosaques. Quant à la force des études de l'ancien régime et des écoles du clergé, il faut être un cuistre de l'Université pour mettre en doute si les grands hommes des siècles de Louis XIV et de Louis XV, instruits par des prêtres, étaient supérieurs à nos littérateurs, à nos hommes d'état d'aujourd'hui.

Maintenant, revenons à Napoléon. Il était à peu près du même âge que Louvet, Barbaroux, Barnave, Danton, les deux Robespierre, Saint-Just, Camille Desmoulins : supposons qu'il ait été élevé avec eux, que serait-il advenu? Naturellement enclin aux

idées nouvelles, il aurait cédé à l'entraî-
nement universel : son esprit, faussé dès
l'enfance, n'aurait jamais retrouvé l'énergie
nécessaire pour se redresser ; il eût été un
tribun, un publiciste démagogue, au lieu
d'être un officier ou un homme d'état ; si,
malgré les bons principes puisés à l'École
Militaire et à Brienne, il se laissa séduire à
l'idéologie de la Constituante, et s'il prêta
même l'oreille aux projets de réparation
et de reconstruction rêvés par Robespierre ; s'il fut décrété d'arrestation à la
suite du 9 thermidor, je laisse au lecteur à juger les dangers d'un degré d'exaltation de plus. Hélas ! peut-être il l'eût,
comme tant d'autres, conduit à l'échafaud ;
et le nom glorieux de Bonaparte, au lieu
de figurer, dans l'histoire, sur la liste des
souverains du peuple français, ne serait
qu'un nom obscur de plus sur la liste des
morts fournis à la guillotine par le parti

jacobin. Son éducation l'a sauvé d'une calamité semblable.

Napoléon, qui estimait son prix le bienfait de l'éducation religieuse qu'il avait reçue, a dit à Saint-Hélène :

« Ma pensée est que les moines seraient
» de beaucoup les meilleurs corps ensei-
» gnants ; j'ai du penchant pour eux. »

(*Extrait du* Mémorial *de M. de Las-Cases.*

Si ce n'est assez de la voix suppliante de nos prêtres et de nos évêques pour convaincre les pères de famille et nos législateurs, sinon de replacer l'éducation dans les mains du clergé, du moins de permettre une entière et libre concurrence, voici la voix du génie. La paix réside dans l'unité, et l'unité pour l'homme, c'est la religion ; la religion seule peut unifier un

peuple. Des esprits, aussi légers qu'ignorants ont bien l'audace de faire un crime
aux catholiques des guerres de religion;
mais ces guerres ont toujours été suscitées par des sectaires qui déchiraient l'unité, et qui, l'attaquant les armes à la
main, obligeaient cette unité à prendre
enfin les armes pour se défendre, et assurer
la sécurité de ses enfants. C'est au schime
et à l'hérésie qu'il faut imputer les guerres
de religion, et non à la religion. Voltaire
a très bien expliqué cette vérité dans les
vers suivants, qui sont dits à Henri IV
par le sage de la *Henriade*, ce sage qui accueille le héros dans l'île de Jersey :

J'ai vu naître, autrefois, le Calvinisme, en France,
Faible, marchant dans l'ombre, humble dans sa naissance,
Je l'ai vu, sans support, exilé dans nos murs,
S'avancer, à pas lents, par cent détours obscurs ;
Enfin mes yeux ont vu, du sein de la poussière
Ce fantôme effrayant lever sa tête altière,

Se placer sur le trône, insulter aux mortels,
Et d'un pied dédaigneux renverser nos autels.

Voilà la vérité de la guerre civile, excitée par les protestants, qui en furent la cause
première, dans le royaume de France; voilà
cette vérité proclamée par Voltaire! Les Albi-
geois sont pires que les protestants! C'é-
taient des fanatiques qui pillaient, égorgaient,
incendiaient les catholiques au nom et par
ordre du Saint-Esprit! Les rigueurs qu'on
exerça contre eux furent les représailles légi-
times de la justice contre des assassins et des
incendiaires. Quant à la révocation dé l'édit
de Nantes, Louis XIV avait toute l'Europe
liguée contre lui, quand il crut devoir demander à ses ennemis, c'est-à-dire aux
Anglais, aux Hollandais et aux états luthé-
riens d'Allemagne, d'accorder chez eux aux
catholiques la tolérance qui couvrait les
protestants en France depuis et par l'édit de
Nantes. Or, dans ce moment l'on venait de

renouveler, en Angleterre, en Hollande et en Allemagne, contre les catholiques, la promulgation des édits et décrets les plus sanguinaires contre les catholiques du règne de Henri VIII et d'Elisabeth. Ainsi un prêtre catholique, pris sur le territoire, disant la messe, était *puni de mort*, et tout Anglais convaincu d'avoir entendu la messe, de même *condamné à mort*. Un Anglais catholique n'héritait pas d'un Anglais protestant. Il ne pouvait acheter aucun bien fonds, posséder aucune fonction. Le fils catholique, en se faisant protestant, dépouillait l'aîné du droit d'aînesse, et s'appropriait, du vivant de ses père et mère, la moitié de leur fortune, par son apostasie ! Les ennemis de Louis XIV répondirent à sa demande de tolérance par un refus. Ils étaient en relation avec leurs coreligionnaires de France, qui, déjà plus d'une fois, avaient fait d'utiles diversions en leur faveur ; en se joignant à eux et levant l'étendard de la rébellion. Louis XIV révoqua l'édit de Nantes : Napoléon eût agi de même, dans des circonstances semblables. Louis XIV achevait l'œuvre de ses ancêtres, la fusion de l'unité des Français, dans un même esprit, une même croyance.

L'histoire est là pour dire que la religion seule a établi la paix, avec l'unité de sa croyance, parmi les peuples qui l'embrassaient. Les philosophes ont fondé des sectes, mais jamais une nation. L'unité de la France n'est autre chose que le produit de l'éducation chrétienne : nos rois s'honoraient plus de leur titre de *chrétiens,* qui les faisait, en même temps, frères de Dieu et de leurs derniers sujets, que de leur titre de roi. Ce fut ainsi qu'ils méritèrent d'être les chefs et les fondateurs de cette unité du royaume de France qui résidait, dans une même croyance religieuse, pour

tous, riches, pauvres, nobles ou roturiers,
sujets et rois, croyance que le prêtre seul
est habile à inculquer convenablement à
tous, mais surtout aux enfants.

L'habit du prêtre, en effet, impose à
l'enfant, et tout seul le persuade silen-
cieusement, par un langage muet de tous
les instants. Qu'est-il besoin à celui qui en
est revêtu de parler? Cette robe noire,
image de la mort, parle pour lui; elle est
un résumé perpétuel et vivant des prières
et des pratiques de la religion, un symbole
du sacrifice de nos autels! Ce qui persuade
l'enfant, c'est la pratique; et le prêtre,
c'est le fait, c'est la personnification pratique de la religion. La religion, sans la
pratique, n'est rien, pour les enfants. Il
faut être un homme d'état, un pair de
France ou un député, pour parler sérieusement *de l'auguste religion catholique*, sans

la pratiquer et sans y croire, mais non sans négliger de lui faire, dans l'occasion, tout le mal qu'on peut lui faire. Un enfant ne comprend pas une politique aussi raffinée : quand son maître laïc pérore sur la religion, sans donner lui-même l'exemple de la pratique, l'enfant naturellement se moque de son maître et de son enseignement. Au contraire, quand même l'enfant serait incrédule, ce qui est rare (la foi étant naturelle à cet âge), avec un prêtre pour professeur et pour maître, ce prêtre s'empare de son imagination, et préoccupe son esprit comme un mystère. mystère en effet ! celui d'une victime égorgée sur les marches de l'autel du Dieu vivant, victime morte et vivante, morte au monde et vivante pour Dieu ! L'enfant est dominé, à son insu, par ce mystère : le sentiment de cette domination pesera sur toute sa vie.

Le pouvoir ou la nation qui contredit ces
vérités, en accordant aux laïcs d'instruire
l'enfance, privilége qu'il refuse aux prêtres,
par esprit de méfiance, ne commet pas
seulement une insulte au corps vénérable
du clergé, mais une offense à Dieu et à la
religion; offense dont le crime retombe sur
la société! En effet, la classe du clergé,
étant, par la nature même de ses fonctions,
la plus morale et la plus respectable, et celle
qui peut le moins se passer de l'estime
publique, si le pouvoir se déclare contre
elle en état de méfiance, il apprend aux
citoyens à se méfier les uns des autres; et
la méfiance devient l'âme des rapports des
citoyens entre eux. La religion perd son
autorité, dès qu'elle ne règne plus en reine
sur la société; mais, en même temps, toutes
les idées d'autorité, qui dérivent de la religion, s'altèrent; l'autorité elle-même diminue et s'affaiblit dans les esprits, ou ne

s'exerce plus que par la contrainte et la terreur. N'est-ce point là l'histoire de la nation française, depuis le décret de la con stitution civile du clergé? N'ayant plus la religion véritable, elle sembla n'en plus avoir du tout, et les peuples la regardaient avec horreur comme marquée au front du sceau d'une réprobation mystérieuse et formidable.

La dernière injure est celle d'homme sans religion. Comment un état se met-il dans la situation de la mériter? La majorité des individus qui composent une nation sont des êtres qui sentent plutôt qu'ils ne raisonnent, dont les idées résultent de leurs sensations plus que de l'intel- ligence : pour eux, pour les enfants, les femmes en grande partie, pour les mas- ses populaires, un Dieu n'est pas le vrai Dieu, la religion n'est plus la vraie religion, s'ils ne voient les puissants du siècle s'incliner, prier, s'agenouiller devant leurs autels. C'est ce qui fait que le culte, chez tous les peuples a toujours été public. Sa publicité constituait pour les masses sa vérité. Quand on voyait, dans nos rues, les magistrats, la force publique, l'armée, le chef de l'État, marcher, en procession, à la suite de la croix ou de la sainte eucharistie, le peuple prenait une idée convenable de la religion. Aussi Napoléon fit-il un article à part, dans le Concordat, qui décrétait *que les consuls professaient publiquement la religion catholique.*

Un général romain ne rougissait pas de consulter les augures et les poulets sacrés, avant de livrer bataille, et nous, nous rougissons d'invoquer le nom du vrai Dieu! Les païens ne parlaient qu'avec horreur d'une société sans religion, comme d'une chose impossible à trouver. Nous avons, nous, de grands génies, de *soi-disant* dévots, qui ont trouvé que la meilleure base, la base modèle d'une constitution modèle, c'était l'athéisme d'une indifférence religieuse absolue. Oui, la philosophie moderne a inventé ce monstre d'une *Loi athée*, comme l'appelle le profond M. Barrot, engendrant un État athée, où existent, pêle-mêle, le bien et le mal, le vice et la vertu, toutes les sectes, toutes les opinions, toutes les croyances, tout cela également toléré, protégé par cette bonne et très puissante dame qu'on appelle la Loi. *Loi athée*, qui veut bien faire l'honneur à la majesté de l'Être Suprême de la protéger, comme elle protégeait, jadis, les maisons de jeux, et protége encore les maisons de débauche, mais qui ne veut en aucune manière dépendre de ce Maître Suprême, ou l'honorer, autrement qu'en affirmant *qu'elle ne le connaît pas.* Qu'on s'accoutume à un tel ordre de choses, que d'autres y applaudissent ; je ne puis y penser, sans sentir mon cœur s'émouvoir d'indignation et de pitié. Si la loi permet aux phalanstériens, aux communistes et à tant d'autres sectes odieuses, de poursuivre souterrainement, sous les bannières d'une publicité insolente, le renversement des fondements de l'ordre social, qui pourrait blâmer les vœux d'un catholique, pour un retour sincère à la religion de nos pères, sans laquelle, la France ne reprendra jamais son rang parmi les nations? La majorité des fonctionnaires et des membres de nos assemblées délibérantes, ainsi que le chef de l'État, étant catholiques, pourquoi la loi leur défendrait-elle, et ne leur permettrait-elle pas plutôt l'exercice public et officiel de leur culte catholique? pourquoi le chef de l'État serait-il, à tout jamais, déshérité de la qualification de *très chrétien par la grâce de Dieu?* Je sais que le fanatisme libéral veut voir, dans ces titres, autre chose qu'un hommage à Dieu et à sa religion ; on y attache un prétendu *droit divin* à posséder le trône, contre tout droit et raison. La Cour de Rome, qui a sacré Napoléon, qui sacrerait demain le roi Louis-Philippe, si ce prince en manifestait le desir, ne donne pas à ces titres un autre sens que celui d'un acte de foi des nations et des rois envers leur Créateur. Quoique Napoléon fût bien un souverain légitime aux yeux de Pie VII, qui l'avait sacré, et qui refusa même de sacrer Louis XVIII, du vivant de Napoléon, croit-on, pour cela, que Pie VII n'acceptât pas la déchéance de l'Empereur, et la restauration de la race de saint Louis, comme des faits providentiels? Le sacre confère aux personnes un caractère sacré, mais non la

propriété du trône par un droit absolu, im-
prescriptible, et surtout inamissible. Ainsi
Napoléon, par le seul fait des onctions
divines du sacre, conserve un droit au
respect de toutes les âmes honnêtes et religieuses, et il y a de l'impiété à oublier,
en parlant de lui, qu'il est *l'oint du Seigneur*.

Mais, me dira-t-on, Napoléon a fondé
l'Université, c'est vrai ; mais qu'il était
loin de prévoir l'abus que feraient de cette
institution les idéologues ! C'était la fille
aînée des rois et de l'Eglise qu'il préten-
dait rétablir, l'émule et l'auxiliaire du clergé, et non la rivale ou l'ennemie de la
religion. Pressé par les circonstances, et
le besoin de réédifier, dans cette occasion
comme dans plusieurs autres, il fit une
trop large part aux idées du jour. Que de
maux son génie eût évités, en consultant,

plus sérieusement, et avec une oreille plus docile, la religion ! Hélas ! Napoléon, quoi qu'il puisse dire à ce sujet pour s'excuser, fut toujours asservi aux exigences de son ambition et de son système guerrier : il croyait parer à tout avec des hommes religieux, qu'il mit à la tête de l'Université, et surtout en décrétant *que la religion catholique serait la base de l'enseignement.* En même temps, il ouvrit les portes de la France aux frères des écoles chrétiennes, pour les classes pauvres ; mais il ne rappela pas les Jésuites, pourquoi? M. le général Montholon, consulté par nous à ce sujet, nous répondit, après un moment de réflexion, que l'obstacle avait été exprimé ainsi par l'Empereur : *Ils ne sont pas venus à moi, et je ne pouvais aller à eux.* Cette parole de Napoléon est d'autant plus remarquable, qu'elle est la seule bien authentique de lui sur les Jésuites ; nulle part il n'avait parlé d'eux. M. de Las-Cases, ni aucun historien auquel on puisse ajouter foi, n'ont fait intervenir leur nom dans les nombreux volumes qui ont paru. Ce silence énigmatique a maintenant son explication. La peur que l'Université a des Jésuites est celle des lâches pour un rival dont ils craignent la supériorité. On n'a pas voulu de l'exil éternel des régicides. Cette cruauté, disait le *Constitutionnel*, n'avait rien de français ; aujourd'hui l'exil éternel de la branche aînée des Bourbons, l'exil éternel des Bonaparte, ne lui suffit pas : il réclame, à grands cris, la proscription de toute une classe de citoyens, l'exil éternel des Jésuites, et l'ancien directeur de l'Opéra, moraliste de l'école de madame de Pompadour, obtient, en effet, de la condescendance obséquieuse de nos illustres hommes d'état, l'exil de M. de Ravignan, prédicateur d'une morale relâchée, si l'on en croit

M. Véron, dangereuse au pays et à la jeunesse !

Si ce livre tombait dans les mains de
quelque personnage, qui ne pût entendre
parler des dogmes de notre sainte religion
sans ennui et sans répugnance (c'est ce que
j'éprouve devant les folles élucubrations de
plusieurs de nos romanciers feuilletonistes),
que ce lecteur m'imite, qu'il ferme ce livre,
il n'est pas écrit pour lui ! Dans un temps
où l'anarchie a passé de la politique dans
la littérature, arène ténébreuse où règnent le
chaos et la confusion de 95, abrités sous
la bannière de cette maxime absurde : *La
liberté et le caprice dans l'art, et le culte du
laid et du grotesque*, personne n'a le droit
de trouver mauvais qu'un auteur, un chrétien écrive un livre, inspiré par sa seule
conviction religieuse ; je me trompe : ceux
qui ne veulent que la liberté de la folie, des

niaiseries, des vices, des passions et des cri--
mes, le trouveront mauvais ; mais je ne relève
pas de leur pouvoir. Je livre donc au public
ces quelques pages ; je les envoie aux chrétiens, mes frères, comme un hommage à
leur foi : puisse le contact de ce peu de
chose suffire pour réveiller chez ceux qui
daigneront me prêter quelque attention
des sucs et des parfums endormis, qui n'a-
vaient besoin que d'un peu de poussière pour
germer et fleurir ! Que ceux-là, protégent
l'auteur et le livre, qui jamais n'ont foulé
le brin d'herbe !

Quant à l'homme du monde emporté,
perdu dans le haut courant de l'ambition
et des affaires du siècle, qui croirait ne pas
trouver d'intérêt dans un livre dont tous
les tableaux ne retracent que les mœurs naï-
ves de l'enfance, nous lui dirons : « Fa-
tigué du séjour et du tumulte de la ville

si tu as remonté la rive immonde et fan-
geuse de son fleuve, quel plaisir pur
n'as-tu pas éprouvé en retrouvant, dans la
campagne, le flot clair et limpide qui ef-
fleure, en courant, le lit de gravier donné
par la nature; en apercevant ton image
solitaire au milieu d'un verdoyant paysage,
magique tableau, dominé et rempli par
l'azur du ciel et sa blanche lumière! »

Il en est ainsi de l'existence humaine :
bien souvent on interroge, en vain, son cours
tumultueux et troublé, au lieu de le remonter, pour consulter, et pour lire dans
le transparent cristal de l'innocente jeunesse; de même, lecteur, l'*Enfance de
Napoléon* vous rappellera peut-être des traits
précieux de votre propre enfance; peut-
être l'influence, sur ce héros, des religieux
Minimes ses instituteurs, et de l'aumônier
de sa première communion, évoquera-

t-elle, dans l'espace désert de votre souvenir, la vision de quelque figure vénérable
trop longtemps oubliée; peut-être la mère
de Napoléon vous rappellera-t-elle votre
mère !!!

CHAPITRE I.

SOMMAIRE.

—

I.

Qui suis-je, ô Seigneur Dieu, et quelle est ma maison pour que vous m'ayez élevé à l'état de grandeur où je suis ?

LIVRE II DES ROIS, ch. VII, v. 18.

La famille de Bonaparte est italienne, originaire de Toscane. La guerre civile, à l'époque de la querelle sanglante des Guelfes et des Gibelins, l'obligea à s'expatrier. Après avoir erré quelque temps en divers lieux, elle finit par se fixer dans l'île de

Corse. Cependant, il resta un de ses membres dans la Toscane, à *San-Miniato*, et ceux de la Corse conservèrent avec lui des relations, et lui envoyaient même régulièrement leurs enfants pour faire leur éducation en Italie.

Les Bonaparte sont d'une noblesse ancienne et bien prouvée. Il est certain qu'ils ont été puissants à Trévise ; on les trouve inscrits sur le livre d'or de Bologne, et parmi les princes florentins. Une Bonaparte épousa un Médicis, et la mère du pape Nicolas V était une Bonaparte. De plus, un Bonaparte a écrit l'histoire du sac de Rome par le connétable de Bourbon ; c'est un Bonaparte qui a été chargé du traité par lequel s'est fait l'échange de Livourne contre Sarzane. Il existe à la bibliothèque de Paris une des plus anciennes comédies, qui date de la renaissance des lettres, celle de *la Veuve,* dont l'auteur est un Bonaparte ; enfin un capucin de ce nom et de cette famille se trouve au rang des béatifiés. Ces faits sont tellement avérés, que dès les premiers succès de Napoléon en Italie, lorsqu'il entra dans Trévise en vainqueur, les chefs de la ville vinrent joyeusement au devant de lui, et lui présentèrent les titres et les actes qui prouvaient que sa famille y avait joué un grand rôle. De même, quand il entra dans Bologne, les députés du sénat vinrent lui présenter avec complaisance leur livre d'or, où se trouvaient inscrits le nom et les armoiries de sa famille.

Depuis plusieurs générations, le second des enfants a constamment porté le nom de Napoléon, qu'elle tenait, dans l'origine, d'un Napoléon des Ursins, célèbre dans les fastes militaires de l'Italie. Ce nom a été le thème des contes, des suppositions les plus absurdes, des accusations les plus ridicules et les plus haineuses. Non seulement on en a contesté l'ancienneté, mais encore on a dénié à Napoléon le droit de le porter, on est allé jusqu'à dire que son nom avait été imaginé pour répondre aux circonstances d'une élévation fabuleuse. Telle est la fureur des partis, qui s'attaque ainsi et s'acharne à un nom de baptême ; et cependant les actes de naissance et de baptême de Bonaparte existent, déposés au ministère de la guerre par son père, à l'époque de son admission à Brienne ; et son nom de Napoléon s'y trouve écrit en toutes lettres, et par conséquent répété dans tous les actes civils et religieux de notre héros, antérieurs à la révolution et à sa fortune[1]. Il est vrai que ce

---

[1] Un vénérable ecclésiastique, vénérable par sa vertu, sa science et sa piété, a écrit dans un ouvrage estimable que Napoléon, de son autorité privée, avait pris pour sa fête le 15 août, le jour de l'Assomption, par une impiété qui pronostiqua dès lors sa chute. Or, c'est le Pape qui fixa le 15 août,

nom, si commun aujourd'hui, était rare et presque inconnu en France, avant d'avoir reçu l'éclat et l'auréole de celui qui l'a tant illustré ; mais il était populaire en plusieurs contrées. Outre le Napoléon des Ursins, célèbre en Italie, il y a un saint de ce nom, vénéré en Espagne. On trouve ce nom mentionné, d'une manière très originale, dans le procès de canonisation de saint Dominique ; et comme il n'est, que nous sachions, personne qui ait jamais parlé de celui-ci, nous citerons tout au long le passage qui le concerne, pièce d'ailleurs édifiante et curieuse :

« Un jeune gentilhomme, nommé *Napoléon*, neveu du cardinal Étienne de Fosse-

parce que c'était le jour de la naissance de l'Empereur ; et ainsi ce même jour voyait célébrer trois fêtes à la fois : celle de l'Assomption, celles de la naissance et du nom de baptême de l'Empereur. Il était dans l'esprit du Concordat de ne pas trop multiplier les fêtes, pour ménager l'esprit de l'époque, et doucement revenir à la religion de nos pères.

Neuve, fils de sa sœur, maniant un cheval difficile, et voulant le dompter, tomba mort sur la place, lorsque saint Dominique était en Saint-Sixte, avec le cardinal Etienne et d'autres cardinaux, qui étaient là assemblés pour donner ordre aux affaires des religieuses de ce monastère. Ce malheur fit une profonde sensation sur Dominique lui-même, qui alla dire messe. Lorsqu'il fut à l'élévation du saint sacrement, on le vit élevé de plus d'une coudée au dessus de terre. Tous ceux qui étaient là présents en furent témoins. Sa messe achevée, il s'en alla où était le corps et commença à redresser les jambes du mort, qui étaient rompues, et fit une très profonde prière, étant debout. Après, levant les mains et les yeux au ciel, et faisant le signe de la croix sur le mort, il dit à haute voix : « Napoléon, au nom et en la vertu de J.-C. levez-vous. » Le mort obéit soudain à l'auteur de la vie ; et Napoléon, qui était demeuré mort, depuis le matin, jusqu'à trois heures après midi, en présence des cardinaux et de tout le peuple, se leva, parla et demanda à manger, but et mangea comme une personne qui se portait bien. Ce miracle eut dans Rome et dans l'Italie un retentissement qui le fit consigner au procès verbal de la canonisation de saint Dominique. »

Ce miracle se trouve rapporté dans un vieil in-folio, d'où je l'ai tiré, et dont l'impression remonte à plus de 200 ans. Ce Napoléon, neveu d'un cardinal, était-il de la famille des Bonaparte? je l'ignore; mais il est certainement une nouvelle preuve de la vérité de l'existence ancienne et connue du nom de Napoléon, nom merveilleux et prophétique de l'existence de notre héros, puisque, dans la langue arabe, il signifie : *le lion du désert.*

CHAPITRE II.

SOMMAIRE.

—

Le père de Napoléon. — Son éducation. — Son mariage. —
La mère de l'Empereur. — Sa famille. — Sa beauté, son
esprit. — Son fils aîné. — Sa seconde grossesse. — Invasion
de la Corse, et sa conquête par la France. — Rôle de Charle
Bonaparte dans la lutte. — Son émigration. — Son oncle,
l'archidiacre d'Ajaccio. — Retour en Corse du père de l'Empereur. — Courage de la mère de l'Empereur, pendant sa
grossesse. — Récit curieux qu'elle en faisait elle-même plus
tard aux Tuileries. — Emule des femmes de la Bible. — In-
vocation de l'auteur. — Le jour de la naissance de l'Empereur. — Particularités. — La mère de Napoléon veut aller à a
messe. — Elle sort de l'église pour retourner au plus vite chez
elle. — Sa délivrance. — Rapports de similitude entre la mère
de Napoléon et la mère de Moïse. — Songe extraordinaire de
Frédéric le Grand la nuit même qui suivit la naissance e
l'Empereur. — Quelques réflexions sur la vérité des songes.
— L'Empereur et le poète Wieland causant sur le songe de
Frédéric après la bataille d'Iéna. — Les songes de la Bible
et de l'histoire profane.

II.

J'ai été enveloppé de langes et élevé avec
grands soins, car il n'y a pas de roi qui soit
né autrement.

Sagesse, ch. vii, v. 4 et 5.

Charle Bonaparte, père de Napoléon, était
d'une haute stature, beau, bien fait ; il fit
ses études à Rome et à Pise. L'éducation
était alors profondément religieuse : aussi
l'âge de la liberté était-il souvent le signal

2.

d'une réaction contraire. Charle Bonaparte subit la loi commune, et oublia
trop vite les sages leçons de ses maîtres
de Rome et de Pise, pour devenir un
homme du siècle. Son éducation achevée,
et bien jeune encore, il vint se fixer en
Corse, au sein de sa famille. Il y épousa
demoiselle Létizia Ramolini, dont la mère,
s'étant mariée en secondes noces à M. Fesch,
capitaine suisse au service de la république de Gênes, eut de cet hymen un fils,
qui fut le cardinal Fesch. La famille de madame Létizia, était, comme celle de son
mari, originaire d'Italie, et issue des comtes
de Colalto. Un d'eux avait épousé la fille du
doge de Gênes, et reçut de cette république de grandes distinctions.

Létizia Ramolini, fort jeune, était d'une
rare beauté, et (trésor préférable) douée
d'un rare bon sens pratique. Elle eut, dans la

première année de son mariage, son fils
aîné, Joseph, qui fut d'abord roi de Naples,
et ensuite roi d'Espagne. Ce fut dans l'intervalle de ses deux grossesses, en l'année 1769,
que la Corse, après une lutte meurtrière
et désespérée, fut conquise par la France.
Charle Bonaparte fut un de ceux qui prirent
à cette lutte la part la plus active et la plus
courageuse. Après la soumission de l'île,
il ne put se résoudre à faire aussitôt sa soumission au vainqueur; il émigra. Il avait un
oncle, prêtre, archidiacre d'Ajaccio, capitale
de la ville de Corse, homme de mérite et de
bon conseil, Lucien Bonaparte, jouissant,
parmi ses compatriotes, du crédit et de l'autorité qui accompagnent la prudence et une
piété éclairée. Il usa de son ascendant sur
son neveu pour lui conseiller de revenir ha-
biter l'île, et plus tard de se rallier au gouvernement. Charle Bonaparte se laissa persuader : non seulement il rentra dans l'île,

mais il obtint même des faveurs, et se montra depuis très attaché à la France.

Napoléon vint au monde le 15 août 1769. Sa mère, malgré sa grossesse, n'en avait pas moins suivi à cheval les opérations de la guerre, partageant les périls de son mari, et prenant même à tout ce qui se passait une part fort active. Devenue *Madame mère*, elle se plaisait à raconter qu'elle n'avait senti aucune de ces pusillanimités, de ces appréhensions, de ces lâchetés, si communes aux femmes, aux mères de nos jours : « Je portais dans mon sein mon Napoléon, disait-elle, avec la même joie, le même bonheur tranquille, la même sérénité, que j'éprouvai plus tard à le tenir dans mes bras, à l'allaiter de mon lait. Je n'avais d'autre préoccupation que les dangers de son père et ceux de la Corse. Pour avoir des nouvelles de l'armée, je quittais les retraites les plus sûres de nos rochers escarpés, où l'on avait relégué les femmes, m'avançant jusque sur les champs de bataille : j'entendais les balles siffler à mes oreilles ; mais je ne craignais rien sous la protection de la sainte Vierge, à qui déjà j'avais voué mon Napoléon [1]. »

N'est-ce pas là le langage d'une femme de la Bible ? est-ce Sara ou Rachel qui parle, ou une femme contemporaine ? ô Dieu, vous avez récompensé de son amour pour vous, en l'élevant sur un trône, Létizia Ramolini, puisse la beauté mâle et touchante de votre culte, qui est aussi celui de la nature, apparaître au lecteur ! puisses-tu, ô nature, mère commune de tout ce qui respire, extirpant des esprits la lâche peur de l'enfantement, et les craintes, injurieuses pour la providence, d'une postérité trop nombreuse, nous ran-

---

[1] Nous tenons ce récit de madame la baronne de B........ dame d'honneur de la mère de Napoléon.

ger tous parmi les observateurs de tes saintes
lois !

Animée de la même force d'âme, le jour
de l'accouchement, qui fut celui de l'Assomption, elle fit un effort, à cause de la solen-
nité, elle voulut assister à la messe ; mais elle
ne fut pas plus tôt entrée dans l'église, qu'il
lui fallut revenir au plus vite sur ses pas. Elle
n'eut pas le temps d'arriver jusqu'à son lit ;
la nature seule opéra, sans la faire souffrir, sa
délivrance. Elle déposa l'enfant sur un tapis,
où étaient retracés les combats et les figures
des héros de l'Iliade.

Cette délivrance rappelle ces versets de
l'Exode : « Le roi d'Egypte fit ce commandement aux sages-femmes de la nation des
Hébreux : « Au moment où l'enfant sortira,
» si c'est un enfant mâle, tuez-le ; » mais les
sages-femmes craignirent Dieu, et conservè-

rent les enfants mâles. Le roi leur dit :
« Pourquoi en avez-vous usé ainsi ? » Les
sages-femmes répondirent : « Les femmes
des Hébreux ne sont pas comme celles d'É-
gypte ; elles n'ont pas besoin de secours,
elles sont délivrées avant que la sage-femme
vienne les trouver. »

La mère de Napoléon a donc au moins ce
rapport avec la mère de Moïse, puisque
certainement elle n'eut pas besoin du secours d'une sage-femme.

La nuit qui suivit cet accouchement,
la nuit du 15 au 16 août 1769, un de
ces prodiges qui marquèrent la naissance
de plusieurs grands hommes, annonça dans
un songe celle de Napoléon à Frédéric le
Grand, qui serait mieux nommé *Frédéric le
Philosophe,* où *Frédéric le grand Capitaine.*
Depuis le christianisme, nul homme ne

mérite le beau surnom de *grand*, d'une manière absolue, s'il n'est chrétien. Frédéric
était à Breslaw : or, voici ce qu'il raconta le
matin du 16 août 1769, en se réveillant, à
un de ses aides de camp : « Sauriez-vous, lui
dit-il, expliquer un rêve dont je suis très
préoccupé? Je voyais l'étoile de mon royaume
et de mon génie briller au ciel, lumineuse
et resplendissante. J'admirais son éclat, sa
hauteur, lorsqu'il parut, au dessus de la
mienne, une autre étoile qui l'éclipsa, en
s'abaissant sur elle ; il y eut une lutte : je les
vis un instant confondre leurs rayons, et mon
étoile, obscurcie, enveloppée par l'orbite de
l'autre, descendit jusqu'à terre, comme op-
primée sous une force qui semblait devoir
l'éteindre et l'anéantir. La lutte fut longue et
opiniâtre ; enfin mon étoile s'est dégagée,
mais avec beaucoup de peine ; elle a repris sa
place, et elle a continué de briller dans le
firmament, tandis que l'autre s'est évanouie. »

L'incrédulité pourra nier le rapport mystérieux de ce songe avec l'existence de Napoléon ; mais elle ne pourra contester la
vérité du fait en lui-même ni la coïncidence
des dates, puisque tout se trouve écrit dans
plusieurs biographies et dans les histoires de
Frédéric II, imprimées en Allemagne, avant
et depuis la mort de ce souverain, quand
Napoléon n'était encore qu'à peine élève de
Brienne ou officier d'artillerie.

Ainsi l'âme créatrice du royaume de
Prusse était avertie, par une lumière particulière, de l'apparition dans le monde, de
la naissance de l'âme créatrice du futur empire français. Que l'on pense ce que l'on
voudra de ce prodige : nous laissons aux
autres la liberté de l'interprétation que nous
prenons pour nous-même ; toujours est-il
que des faits merveilleux de ce genre n'existent pas seulement, par milliers, dans l'his-

toire de tous les peuples, mais se retrouvent de plus, quotidiennement, dans le souvenir de mille individus ; tous les jours on en rencontre qui s'étonnent eux-mêmes d'avoir à raconter des songes, des apparitions semblables, des événements surnaturels.

Ce ne sont point, pour eux, des illusions ou des mensonges, mais des réalités dont leur conscience est aussi certaine que de tous les faits qui sont à sa connaissance ; mais ils ne peuvent définir la nature de leur certitude ; nous l'essayerons pour eux. Si le corps matériel, au moyen des organes de la respiration, aspire sans cesse, avec l'air, un aliment comme invisible, imprégné de lumière et de chaleur, qui le nourrit, l'âme, elle aussi, n'aspire-t-elle pas sans cesse, avec les idées, selon sa nature, un autre aliment plus subtil encore et plus noble ? Et si la religion nous oblige à croire comme un dogme positif l'existence de ces myriades innombrables d'anges et de démons, qui nous attaquent et nous protégent continuellement, croyance admise non seulement par le christianisme, mais encore par le consentement presque universel des peuples, et même par plusieurs philosophes de l'histoire profane, qui peut assigner la limite de l'action et des influences contraires de ces esprits, soit dans l'homme, soit dans la nature?

La louve de Romulus, la flamme qui environna de ses rayons, dans son berceau, la tête du roi Servius Tullius, l'aigle dont le vol prophétisa à Tarquin l'Ancien sa grandeur prochaine, le fantôme de la tente du dernier Brutus au champ de Philippes, sont cités par les auteurs profanes, comme on cite dans l'ancien Testament les songes de Joseph et de Pharaon, de Daniel et de Nabuchodonosor, et, dans le nouveau, les songes de Joseph, époux de la Vierge, celui de saint Pierre, à Joppé. Pourquoi ne citerions-nous pas un songe aussi extraordinaire que celui de Frédéric?

Et nous ne pensons pas que personne conçoive, de la lutte des deux étoiles, une autre explication que celle que présentent naturellement à l'esprit, les luttes mémorables de la Prusse et de Napoléon.

Plus tard, après la bataille d'Iéna, Napoléon, deux fois vainqueur de la Prusse, et qui la tenait alors humiliée et comme anéantie sous son pied victorieux, lui qui n'ignorait rien, dans une audience au poète Wieland, qui rapporte lui-même ce fait, lui disait : « Monsieur Wieland, êtes-vous pour la tactique des anciens, ou pour celle des modernes? — Sire, je ne me permettrais pas d'avoir une opinion sur une matière semblable en présence de Votre Majesté. — Parlez, Monsieur, je sais que vous êtes pertinent sur ce sujet, comme sur la littérature. — Eh bien ! Sire, je suis pour les anciens. — Et moi aussi, Monsieur, répliqua l'Empereur. » Ensuite, prenant un accent particulier : « Vous connaissez le rêve de Frédéric ? — Oui, Sire. — Eh bien ! reprit l'Empereur, croyez-vous aux constellations ? — Le rêve est vrai, Sire ; c'est tout ce que je puis dire. — Menace étrange, Monsieur, que ce rêve ! il y a là du sinistre pour nous. — Comment cela, Sire, dit le poète ? — Oui, du sinistre ; car l'étoile de celui qui est mort doit triompher de l'étoile de celui qui est vivant. Mais les rêves ni le sinistre ne doivent pas arrêter l'homme de foi [1]. »

[1] Cette entrevue de Napoléon et du poète Wieland, eut lieu le lendemain de la bataille d'Iéna, et c'est Wieland lui-même qui en fait le récit dans ses œuvres.

CHAPITRE III.

reine la lettre du grand-duc son frère. — Ses nouveaux
efforts pour le triomphe définitif de M. de Marbœuf. —
Rappel de M. de Narbonne. — Reconnaissance des Marbœuf, qui recommandent le jeune Napoléon a la famille de
Brienne.

III.

Celui qui honore sa mère est comme un
homme qui amasse un trésor.

Ecclésiastique, ch. III, v. 5.

Napoléon lui-même est l'historien de son
enfance : « C'est à ma mère, dit-il, c'est à
ses bons principes, que je dois ma fortune
et tout ce que j'ai fait de bien. Je n'hésite

pas à dire, ajoute-t-il, que l'avenir d'un enfant dépend de sa mère. » Paroles graves, dignes d'être écrites, en lettres d'or, dans le sanctuaire de la famille, ou mieux au plus profond du cœur des mères !

Napoléon se plaisait à citer la sienne comme un modèle accompli. On l'entendait souvent vanter la présence d'esprit, la vigilance et l'autorité avec lesquelles cette femme admirable réprimait les moindres vices de ses enfants [1].

« Madame, disait-il, avait un grand caractère, de la force d'âme, beaucoup d'élévation et de fierté. Sa tendresse de mère était sévère. Elle veillait avec une sollicitude, qui n'a pas d'exemple, sur les premières impressions. Les sentiments bas étaient écartés, flétris. Elle ne laissait arriver à ses

---

[1] Mémorial de M. de Las-Cases.

enfants que ce qui était grand et élevé. Elle avait de l'horreur pour le mensonge, pour tout ce qui était l'apparence d'une inclination basse. Elle savait punir et récompenser. Elle tenait compte de tout à ses enfants. » On aime à entendre un tel éloge sortir de la bouche de Napoléon. Les règles et le principe essentiel d'une bonne première éducation y sont contenus. Ce principe essentiel, c'est la crainte, qui engendre la vénération [1]. Si la crainte ne précède ou n'accompagne l'amour dans le cœur de l'enfant, l'amour

[1] Cette doctrine est admirablement développée, dans un ouvrage qui a coûté plus de trente ans de recherches et de travail à son vénérable auteur, J.-B. Marduel, ancien vicaire de Saint-Roch, chanoine honoraire de Paris et de Lyon : *De la piété filiale et de l'autorité paternelle, et des atteintes portées à ces deux fondements de l'ordre social.* L'académie définit la *crainte, passion excitée dans l'âme par l'idée d'un mal à venir :* c'est dans ce sens que l'on dit, *la crainte de Dieu est le commencement de la sagesse;* de même, l'amour d'un père, d'une mère, doit être tel qu'on *craigne* de leur déplaire, *à fortiori* de les irriter.

filial n'a jamais toute sa force, ni sa pureté. C'est là ce qui distingue cet amour des autres amours, ce qui en est l'essence, et ce qui lui donne le pas sur les autres, en le rapprochant du divin amour, comme un second culte, une seconde religion envers nos parents, qui sont à notre égard les images de Dieu et ses représentants. Aussi Dieu n'a pas dit à l'enfant dans ses commandements : *Aime tes parents* ; mais il lui a dit : *Honore-les*. Heureux les parents qui s'en souviennent et méritent cette vénération que la mère de Napoléon mérita et obtint si complètement de son fils ! plus heureux encore les fils de tels parents, puisque Dieu leur promet, dès ce siècle présent, un bonheur particulier et une longue vie ! Sous la surveillance d'une telle mère, Napoléon devenait un homme. Ce fut à cette école que se formèrent ses mœurs et son caractère. Les impressions de l'enfance sont

les seules qui ne s'effacent jamais, et qui
réagissent sur toute la vie. En voici un
exemple propre à faire réfléchir les mères,
et à les encourager à apprendre de bonne
heure à leurs enfants les éléments du christianisme. Dans l'île de Corse, la foi catholique est indigène, elle est dans l'air,
on la respire en naissant, comme dans
toutes ces contrées privilégiées de l'Italie,
où le clergé a encore conservé quelque
chose de son influence paternelle et primitive. Madame Létizia, sans avoir d'autre
dévotion que celle du pays, a porté toute
sa vie un crucifix à nu sur sa poitrine[1]. Sa
foi naïve apprit à Napoléon à former le signe

[1] Nous tenons ce fait de madame la vicomtesse de Fontange,
sa première dame d'honneur, qui, un jour, auprès du lit de
madame, aperçut ce crucifix, et ne put s'empêcher de s'écrier :
« *Ah ! Madame, voilà un secret que je n'aurais pas deviné !* »
« *Jamais*, lui répondit Madame, *cette relique du Sauveur ne*
« *m'a quittée et ne me quittera.* »

de la croix, il prononça nos saintes prières, aussitôt, avant même qu'il eût l'intelligence ou la force de bien savoir ce qu'il faisait. Le bon archidiacre, l'oncle de Napoléon, l'instruisait aussi de ses premiers devoirs. Napoléon reçut leurs leçons avec une telle docilité, elles entrèrent si avant dans ses habitudes et, comme il disait lui-même, dans ses nerfs, dans son organisation, que jamais il ne perdit l'habitude de faire involontairement le signe de la croix, et d'appeler à son aide les noms divins de *Jésus* et *Marie,* dans les moments de crise ou de danger, ou quand il entendait des choses monstrueuses et immorales [1].

[1] C'est ce que nous apprend M. de Las-Cases, dans son *Mémorial de Sainte-Hélène.* Sous la république de 93, il dut, sous peine de perdre la vie, comprimer cette habitude; mais aussitôt qu'il fut le maître, les habitudes de son enfance reprirent sur lui leur empire. Ainsi, nous tenons le fait suivant de M. le comte Guilleminot, le major-général de l'armée d'Espagne. A l'époque de la conspiration de Moreau, de Piche-

Dès l'âge le plus tendre, Napoléon se fit remarquer par son exactitude à assister aux distributions qui se faisaient aux pauvres, soit à la porte de son oncle l'archidiacre, soit à celle de sa mère ; il n'y participait pas en spectateur bénévole : on le voyait signaler, avec à propos et hardiesse, les pauvres les

gru, etc., quand le comte Réal, le préfet de police, vint rendre compte au premier Consul de l'arrestation des conjurés, et qu'il lui eut nommé *Moreau* comme complice; à ce nom de Moreau, qui inquiétait Napoléon depuis quelque temps par ses menées, Napoléon dit vivement : « Comment, Moreau s'est compromis, vous en êtes sûr? » — « Oui, consul, j'en suis sûr, reprit Réal. » Alors Napoléon, par un mouvement involontaire, se signa deux fois, et dit à Réal : « Continuez. » Réal racontant cela le jour même à son ami, M. le comte Guilleminot, lui dit : « *Décidément le consul est dévot.* » — « On croira votre témoignage et le mien, (ajouta M. Guilleminot, en me contant cette anecdote, dans son jardin de la rue de Chaillot ;) mais pour ceux qui ne voudraient pas croire, le fait fut inséré dans les journaux du temps, insertion qui n'aura pas eu lieu, sans une intention politique et une permission du consul ; c'était un dernier mot à Moreau qui avait fait les plus grands efforts pour s'opposer à la conclusion du Concordat.

4.

plus âgés, les plus faibles : il les faisait approcher et les conduisait à ceux qui distribuaient les aumônes : noble apprentissage du futur distributeur des sceptres !

Quoique le père de Napoléon fût patriote dans l'âme, et qu'il eût combattu, avec la plus grande énergie pour l'indépendance de la Corse, une fois sa soumission faite, il paraît s'être attaché sincèrement au nouveau gouvernement : soit que la nécessité, soit que la raison l'eussent convaincu, que la conquête n'était pas aussi désavantageuse à la Corse que d'abord il l'avait pensé. Deux généraux français se disputaient le commandement de l'île : le premier était le comte de Narbonne-Pellet, hautain et dur, et le second le comte de Marbœuf, d'un caractère doux et conciliant. Charle Bonaparte contribua, par son crédit auprès de ses compatriotes, au triomphe du second. Jaloux de reconnaître

un tel service, M. de Marbœuf obtint de
son neveu, l'évêque d'Autun, chargé de la
feuille des bénéfices à la cour de Versailles,
deux bourses au collége d'Autun, pour Joseph et Lucien Bonaparte, et une autre à
l'école de Brienne pour Napoléon. Charle
Bonaparte dut encore à cette protection
d'être nommé assesseur à la justice royale
d'Ajaccio, et directeur de l'une des trois
pépinières que le roi Louis XVI, dans sa sollicitude éclairée pour les intérêts de l'agri-
culture, ordonna d'établir en Corse. Enfin
M. Fesch, demi-frère de madame Létizia,
obtint, par la même faveur, son admission
gratuite dans le séminaire d'Aix en Pro-
vence.

Madame Létizia était la reine de l'île pour
sa beauté et pour son esprit. L'intérêt de
son mari et de ses enfants l'engageait à être
très assidue aux soirées du gouverneur, M. de

Marbœuf. Elle avait su lui plaire et obtenait de lui pour ses compatriotes toutes les demandes qu'elle faisait; cependant il lui arrivait quelquefois d'échouer. En voici un exemple assez original, qu'elle racontait elle-même aux Tuileries, et où se peint l'esprit de dévotion des Italiens : une tante de madame Létizia était à sa dernière heure, déjà elle avait reçu tous les sacrements, avec une piété exemplaire; elle prie sa nièce Létizia d'approcher, et, d'une voix affaiblie, elle lui dit: « Tu as beaucoup de crédit sur M. de Marbœuf, et tu pourrais obtenir de lui, pour moi, une faveur qui serait la plus grande, après le paradis, que j'espère de la miséricorde divine. — Quelle est cette faveur, ma tante? — De reposer dans les caveaux de la cathédrale d'Ajaccio, au milieu des saints personnages qui y dorment jusqu'au jour de la résurrection. Demande-le au gouverneur, il ne te le refusera pas, et

mon corps sera encore réjoui par les chants
et les cérémonies de l'Eglise, pendant que
mon âme sera remontée à son créateur. »
Madame Létizia lui promit de la satisfaire;
mais M. de Marbœuf la refusa tout net,
opposant les règlements qui affectaient spécialement ces caveaux à l'inhumation des
prêtres et des personnages d'un haut rang.
La malade fut très affectée du refus, et ne
cessait de dire à sa nièce qu'elle n'avait pas
insisté : si bien que celle-ci retourna à M. de
Marbœuf, qui, entendant le chagrin qu'il
ferait à la malade par un nouveau refus, fit
une réponse favorable, ce qui transporta de
joie la malade et sa nièce. Elle mourut avec
cette consolation; mais M. de Marbœuf les
avait trompées l'une et l'autre, et, pour se
disculper de ne pas exécuter sa parole :
« *Maintenant qu'elle est morte*, disait-il, *elle
n'y tient plus* [1]. »

[1] Anecdote racontée par madame la baronne de B.........

Charle Bonaparte, qui venait d'être nommé député de la noblesse corse à Versailles, prit le parti de conduire lui-même ses enfants à leur destination; mais, pour entreprendre son voyage, la somme nécessaire lui manquait. Il emprunta 25 louis de M. du Rosel de Beaumanoir, qui commandait en second, sous M. de Marbœuf. Cette particularité donnera lieu plus tard à une manifestation touchante de la reconnaissance du fils du débiteur, devenu débiteur lui-même par la mort de son père, et qui eut besoin d'arriver jusqu'au trône, pour payer cette minime dette : il l'eût autrement peut-être toujours ignorée.

Charle Bonaparte partit donc avec cette somme. C'était dans l'année 1779 : il emmena avec lui, Napoléon et ses frères Lucien et Joseph. Il les conduisit d'abord à Autun, où il paraît certain que Napoléon fit lui-

même, avec eux, un court séjour avant
d'entrer à Brienne ; leur père se rendit à
Paris, puis à Versailles. Là, il sollicita et il
obtint l'honneur d'être admis en la présence
de la reine Marie-Antoinette, et il remit à
Sa Majesté une lettre de recommandation de
son frère, le grand duc Léopold. Il était passé
exprès à Florence pour implorer cette grâce,
qui lui avait été accordée, comme à un ancien sujet du grand duché. La lettre du
grand duc à sa sœur ne fut peut-être pas
sans influence sur la destinée de notre héros.

Ce fut surtout à Versailles que, membre
et chef de la députation de la noblesse corse,
qui arrivait avec lui, Charle Bonaparte rendit d'éminents services au gouverneur de la
Corse : il vanta la douceur de son administration ; il le présenta comme l'homme
le plus propre, par son esprit conciliant, à
rallier les naturels de l'île au nouveau

gouvernement et à leur rendre agréable le nouveau joug qui pesait sur eux. M. de Narbonne-Pellet, qui jusque là avait soutenu sa rivalité, appuyé par les hautes influences de sa famille et de son nom, fut définitivement rappelé. Le neveu de M. de Marbœuf, ministre, chargé de la feuille des bénéfices, ne desirait rien plus que ce rappel; c'était la fin d'une lutte qui avait trop duré et qui avait été pour lui une source d'ennuis et d'embarras. Le triomphe de son oncle le flatta, et il manifesta sa reconnaissance envers Charle Bonaparte par tous les moyens qui étaient en son pouvoir. Il recommanda le jeune Napoléon à la famille de Brienne; elle habitait, une partie de l'année, un château, dans le voisinage de l'école, à laquelle les Brienne donnaient leur nom).

CHAPITRE IV.

SOMMAIRE.

—

Napoléon arrive à Brienne. — Son indignation à la vue du portrait de l'oppresseur de son pays, M. de Choiseul. — L'aîné des Bonaparte ecclésiastique. — Bonaparte affublé de la robe de bure au réfectoire. Délivré de ce supplice par M. Dupuis, le principal de l'école. — La petite guerre à Brienne entre les élèves dans l'hiver de 1783 à 1784. — Napoléon élu pour commander. — La cantinière concierge. — Injustice et mauvaise disposition de ses camarades à son égard. — Lettre à ce sujet de Napoléon à son père. Il se plaint dans cette lettre de ses camarades. Il demande à embrasser un état mécanique plutôt que d'être maltraité plus longtemps à Brienne. Il aime mieux être le premier d'une fabrique que l'artiste dédaigné d'une académie. — Amour-propre et mépris des jouissances de ses camarades. — Réflexion sur cette lettre. — César et Napoléon. — Nouvelle lettre de Napoléon écrite à M. de Marbœuf. Il se plaint d'avoir entendu des élèves insulter son père. Il veut venger son père, ou sortir de Brienne. — Noblesse de sa piété filiale. — Émotion et visite de M. de Marbœuf à Brienne. — Noble leçon du gentilhomme français, digne frère d'un évêque. — Sottise des élèves de Brienne, qui poussent ainsi

Napoléon vers les idées de la révolution. — Sublime enseignement de l'Évangile sur les distinctions sociales. — Incroyable
folie de la révolution en fermant les églises — L'égalité chrétienne et le patriciat des républiques anciennes. — Le duc
d'Orléans et madame de Montesson à Brienne. — Madame de
Montesson couronne Napoléon, à la distribution des prix. —
Napoléon est invité à dîner chez le Principal. — Il défend
Paoli, attaqué par les professeurs. — Encore une lettre de
Napoléon. Cette lettre à son père a pour but de faire arriver
son frère Joseph à Brienne.

IV.

Un enfant même fait connaître par ses in-
clinations si ses œuvres seront droites et
pures.

PROVERBES, ch. xx, v. 11.

En arrivant à Brienne, l'enfant fut conduit dans une salle où se trouvait le portrait du duc de Choiseul : c'était lui qui avait
négocié et conclu, sous le voile de la diplo-
matie, le marché qui avait eu pour résul-

tait la vente de la Corse par les Génois à
la France, moyennant une somme d'ar-
gent; c'était lui qui avait envoyé, comme
ministre dirigeant, des armées dans l'île
pour la soumettre. La vue du portrait de
l'oppresseur de son pays, arracha à Napoléon une expression de colère et de mépris.
Il avait dix ans. Caton en avait quatorze,
quand il fit la demande d'une épée à son
précepteur pour tuer Sylla.

Son frère aîné Joseph était destiné à l'é-
tat ecclésiastique : on en a cherché la raison,
on a demandé si déjà quelque indice avait
révélé le génie différent des deux frères;
mais non; c'était une habitude pieuse et
héréditaire, dans la famille, de consacrer
à Dieu l'aîné.

Il fut, à Brienne, doux, tranquille, ap-
pliqué et d'une grande sensibilité, et fit de

rapides progrès dans ses études, spécialement dans les mathématiques. Il fut distingué, pour sa constance, son énergie,
des mœurs pures, une intelligence rare et
précise.

Voici quelques anecdotes qu'on cite,
comme propres à faire connaître ce qu'il
était alors :

Un jour, le maître de quartier, brutal
de sa nature, lui fit endosser la robe de
bure et voulut qu'il prît, ainsi accoutré,
son dîner, à genoux, à la porte du réfectoire, sous les yeux des ses camarades :
Le moment de l'exécution fut celui d'un
vomissement subit et d'une violente attaque de nerfs. Le supérieur, qui passait par
hasard, l'arracha au supplice, en grondant
le maître de son peu de discernement, et
le père Patrault, son professeur de mathé-

matiques, accourut, se plaignant que, sans nul égard, on dégradât ainsi son premier mathématicien : en effet, cette attaque de nerfs dit assez que cet enfant n'est pas né pour les humiliations; et cependant (réflexion qu'il faut noter ici), jamais Napoléon, officier, écolier, n'a reçu une punition, une réprimande d'un chef, sans se résigner aussitôt à la subir, sans répondre un seul mot.

L'hiver de 1783 à 1784 fut très rude, il y eut quinze jours de neige. Les élèves construisirent des forts et un camp retranché avec la neige. On fit la petite guerre. Napoléon fut choisi pour commander. La femme du concierge, qui faisait l'office de cantinière, voulut forcer une consigne : « Qu'on éloigne cette femme qui apporte ici la licence des camps », s'écria Napoléon.

Si ses camarades l'avaient nommé pour diriger leurs exercices et présider à ce jeu militaire, il ne le devait qu'à sa supériorité reconnue et incontestable ; car ils le traitaient habituellement avec hauteur, même avec mépris, et comme un intrus, lui reprochant d'être un étranger, insulaire d'une île qui venait d'être conquise, et lui faisant un crime de sa naissance, de son accent et de sa prononciation italienne, qui étaient une ample matière aux railleries.

Il en souffrit, comme le témoigne la lettre suivante, écrite par un enfant de douze ans :

Brienne, 5 avril 1781.

MON PÈRE,

Si vous ou mes protecteurs ne me donnez pas le moyen de me soutenir honorablement dans la maison où je suis, rappelez-moi près de vous, et sur le champ. Je suis las d'afficher l'indigence, et d'y voir sourire d'insolents écoliers qui n'ont que leur fortune au dessus de moi : car il n'en est pas un qui ne soit à cent piques au dessous des nobles sentiments qui m'animent. Eh quoi, Monsieur[1], votre fils serait continuellement le plastron de quelques nobles paltoquets, qui fiers des plaisirs qu'ils se donnent, insultent, en souriant, aux privations que j'éprouve. Non, mon père, non, si la fortune se refuse absolument à l'amélioration de mon sort, arrachez-moi de Brienne, donnez-moi, s'il le faut, un état mécanique ; que je voie des égaux autour de moi, je saurai bientôt être leur supérieur. A ces offres, jugez de mon désespoir ; mais, et je vous le répète, je préfère être le premier d'une fabrique, que

---

[1] Le mot *monsieur* était alors un terme d'honneur, par lequel un fils marquait sa dépendance de son père.

l'artiste dédaigné d'une académie. Cette lettre, veuillez le croire, n'est pas dictée par
le vain desir de me livrer à des amuse-
ments dispendieux. Je n'en suis pas du
tout épris; j'éprouve seulement le besoin
de montrer les moyens que j'ai de me
les procurer comme mes compagnons d'é-
tude. »

Est-ce là le langage d'un enfant ordinaire? quel feu! quelle logique! quelle volonté! cette pensée : « Que je voie des égaux
autour de moi, je saurai bientôt être leur
supérieur! » ne contient-elle pas en germe
toute l'existence merveilleuse de Napoléon ?
et cette parole : « il vaut mieux être le premier d'une fabrique que l'artiste dédaigné
d'une académie, n'est-elle pas l'écho de la
parole fameuse de César : « J'aimerais
mieux être le premier dans une bicoque,
que le second dans Rome ! »

D'autres lettres, d'autres documents de son enfance, compléteront le portrait, dont nous n'avons encore crayonné qu'une faible esquisse.

Les humiliations de l'écolier ne finirent pas aussi vite que l'exigeait son impérieuse irascibilité. La douleur est l'école du sentiment, et l'humiliation, en éprouvant son génie, développa la fierté de son âme. L'irascibilité de Napoléon aviva et entretint la mauvaise humeur et les quolibets de ses camarades, ce que nous apprend une autre lettre, datée de 1785, le 8 octobre, écrite à M. de Marbœuf, le gouverneur de la Corse, qui se trouvait alors près d'Auxerre, dans un château voisin de l'école de Brienne. Il la lui adressa, à l'occasion d'une insulte, reçue de ses camarades, qui l'appelaient le fils d'un huissier, traduction méprisante du mot *assesseur*, le nom de la place de son père à la justice royale d'Ajaccio, dans l'idée trop évidente de l'humilier :

8 Octobre 1783.

MONSIEUR LE COMTE,

Je ne me corrigerai point d'une impétuosité d'autant plus dangereuse, que j'en crois le motif sacré. Quel que fût l'intérêt qui me le commandât, je n'aurais pas la force de voir traîner dans la boue, un homme d'honneur, mon père, mon respectable père. Sous ce rapport, Monsieur le Comte, je sentirai toujours trop vivement, pour me borner à en porter plainte à mes chefs. Je serai toujours persuadé qu'un bon fils ne doit pas commettre à un autre le soin de venger un pareil outrage. Veuillez ajouter, aux bontés dont vous m'avez honoré, la grâce de me retirer de

Brienne : j'avais acquis votre protection ;
pour en profiter, il fallait des vertus que le
ciel m'a refusées. »

Cette lettre ne peint-elle point les pensées
d'une belle âme? n'y voit-on point briller,
du plus vif éclat, ces deux vertus de la religion naturelle, l'honneur et la piété filiale?
et ces derniers mots, *pour en profiter* (de la
protection de M. de Marbœuf) *il fallait des
vertus que le ciel m'a refusées*, ne sont-ils
point la révélation de la conscience chrétienne, aux prises avec l'honneur humain !
Ah ! quel jeune homme, à son début dans
la vie, sondant l'abîme de son cœur, n'a
jeté, comme Napoléon, un coup d'œil de
désespoir vers les perfections sublimes de
l'Évangile ! Mais, chez Napoléon, ce n'est
point le vice qui lui fait craindre de ne pouvoir conformer sa vie à l'Évangile, c'est
l'exagération de l'honneur humain, la sen-

sibilité la plus légitime, la piété filiale, la défense d'un père bassement outragé !

Cette lettre ne pouvait qu'émouvoir et émut profondément un gentilhomme français tel que M. de Marbœuf. Il se transporta le lendemain même à Brienne, et, ayant fait venir son protégé dans le salon, en présence du gouverneur de l'école, il lui dit : « Quelque légitime que soit votre ressentiment, je vous en commande le sacrifice, parce que je suis certain que jamais outrage ne vous sera fait. Soyez désormais moins facile à vous irriter : car celui qui se met en colère pour de bons motifs, finit par s'emporter pour des riens. » Édifiante leçon d'un gentilhomme, le digne frère d'un évêque. Hélas ! ce sont les dédains de l'orgueil à l'égard de certaines professions aussi utiles qu'honorables, qui vont donner lieu aux cruelles représailles de la révolution ! L'histoire du mot *assesseur* est curieuse à ce point de vue. Quels insensés que ceux dont la légèreté poussait par une sotte injure, cet enfant dans les rangs ennemis, et à se déclarer contre eux pour les principes d'égalité et de nivellement : tout à l'heure, on se battra pour ces principes, et le fanatisme du vainqueur enveloppera dans une même fureur aveugle de proscription toutes les classes, tous les rangs, et les principes conservateurs de la société, qui n'est et ne saurait être, sans hiérarchie, qu'une aggrégation d'individus qui n'ont entre eux d'autres lois que la force et le hasard. Il ne restera debout sur un monceau de ruines, que l'égoïsme, la cupidité et la scélératesse, donnant les mains et le baiser hideux de la fraternité à des utopistes qui n'ont pas peur de cet accouplement monstrueux ! et, par une incroyable inconséquence, c'est alors qu'on invoquera l'esprit des républiques anciennes, de ces républiques qui n'estimaient que la guerre, et qui affichaient systématiquement le mépris des arts mécaniques, qui érigeaient en dogme la nécessité de l'esclavage et l'empire du droit de la force. C'est alors que l'on décrètera l'anéantissement de la religion divine qui proclama, comme une volonté de Dieu, la liberté et l'égalité, en proclamant avec l'Évangile que tous ont un droit égal aux bienfaits d'une seule et même communion, celle de la fraternité divine, qui efface et fait disparaître, en principe, l'esclavage et l'injure des autres inégalités. Car le monde n'est redevable de ce bienfait, ni aux Grecs, ni aux Romains, mais à l'Église Catholique ; et, quoi qu'on ait écrit à ce sujet, c'est un fait incontestable, qui a la lumière de l'évidence, dans l'histoire des peuples chrétiens, que ces peuples et la féodalité elle-même, dénigrés avec plus de passion que de vérité, ont mieux compris la liberté et l'égalité que Rome et Sparte. Oui, les gentilshommes, les rois de la féodalité ont admis dans leurs mœurs, et pratiqué en réalité dans leurs lois, le principe évangélique de la fraternité avec une extension et une vertu, qui furent ignorées du patriciat romain; et ni la politique des législateurs des républiques anciennes, ni même la sagesse de leurs philosophes ne pressentit la doctrine touchante du Sauveur du monde, à l'égard des petits et des pauvres.

M. de Marbœuf profita de sa présence à l'école de Brienne, pour recommander particulièrement son jeune protégé aux supérieurs; de plus, il pria madame de Brienne, dont le château donnait son nom à l'école, de veiller avec une sollicitude particulière sur ce jeune insulaire : cette dame s'en acquitta avec une telle

exactitude, une telle amabilité, que Napoléon, sur le trône et dans l'exil, n'en
parlait pas sans l'émotion de la reconnaissance. La première fois qu'il la revit,
c'était à Troyes, dans l'année de son cou-
ronnement; il la combla de prévénances:
« Madame, lui dit-il, je vous fais mon premier ministre, pour le temps de mon séjour à Troyes. Tout ce que les habitants ont
à me demander doit passer par vous. »
Madame de Brienne et les habitants accep-
tèrent, et l'on se souvient encore à Troyes
de toutes les faveurs que la libérale grati-
tude du souverain fit pleuvoir sur la contrée.

L'année 1785, le duc d'Orléans et madame de Montesson vinrent visiter l'é-
cole de Brienne, et assistèrent à la distribution des prix. Bonaparte eut le prix
de mathématiques. En posant la couronne

sur sa tête, madame de Montesson lui dit :
« Puisse-t-elle vous porter bonheur ! »

Les élèves étaient invités alternativement
à la table du Principal. Le tour de Bonaparte étant venu, ses professeurs le savaient admirateur passionné de Paoli, général corse qui avait eu le commandement de
l'île, et qui avait dirigé les dernières luttes
contre Gènes et la France, avec autant d'é-
nergie que d'habileté ; ils affectèrent, en
présence de leur élève, d'en mal parler :
« Paoli, répliqua Napoléon, était un grand
homme. Il aimait son pays ; et jamais je
ne pardonnerai à mon père, qui a été son
lieutenant, d'avoir concouru à la réu-
nion de la Corse à la France. Il aurait dù
suivre sa fortune et succomber avec lui ; si
les Francais n'avaient été que quatre contre
un, jamais ils n'auraient soumis la Corse,
mais ils étaient dix. » Ainsi, dès l'école de

Brienne, les idées du calcul militaire, en tenant compte du moral des hommes et de la géographie des lieux, se retrouvent chez Napoléon! Cet esprit de calcul accompagnera Napoléon dans toute sa carrière, et les calculs commencés à Brienne ne finirent qu'à Waterloo.

Voici une nouvelle lettre de Napoléon, écrite de Brienne, le 15 septembre 1785.

MON CHER PÈRE,

Votre lettre, comme vous le pensez bien, ne m'a pas beaucoup fait de plaisir; mais la raison de cet intérêt de votre santé et de celui de la famille, qui me sont fort chers, m'a fait louer votre retour en Corse, et m'a consolé tout à fait. D'ailleurs, étant assuré de la continuation de vos bontés, de votre amour et de votre

empressement à me faire sortir, et à se-
conder ce qui peut me faire plaisir, comment ne serais-je pas bien aise et content?
Cela étant, je m'empresse de vous demander
des nouvelles de l'effet que les eaux ont fait
sur votre santé, et de vous assurer de mon
respectueux attachement et de mon éternelle
reconnaissance. Je suis charmé que Joseph
soit venu en Corse avec vous, pourvu qu'il
soit ici le 1er de novembre. Joseph peut venir ici, parce que le père Patrault que vous
connaissez, mon maître de mathématiques,
ne partira point. En conséquence, M. le
Principal m'a chargé de vous dire qu'il sera
très bien reçu et qu'il peut venir ici. Le père
Patrault est un excellent maître de mathématiques, et il m'a assuré qu'il s'en charge-
rait avec plaisir; et si mon frère veut travailler, nous pourrons aller ensemble à l'examen
d'artillerie. Ainsi, mon cher père, j'espère
que vous aimerez mieux placer Joseph à

Brienne qu'à Metz, pour plusieurs raisons :
1° parce que cela sera une consolation pour
Lucien, pour Joseph et pour moi ; 2° parce
que vous seriez obligé d'écrire au Principal
de Metz, ce qui tardera encore, parce qu'il
vous faudra attendre sa réponse ; 3° parce
qu'il n'est pas ordinaire d'apprendre a
Metz ce qu'il faut que Joseph sache en six
mois : en conséquence, comme mon frère
ne sait rien en mathématiques, on le met-
trait avec des enfants.

Je vous prie de me faire passer Boswell,
Histoire de Corse, avec d'autres Mémoires
touchant ce royaume. Adieu, mon cher
père : je finis, en vous souhaitant une santé
aussi bonne que la mienne.

Votre très humble et très obéissant fils,

de Buonaparte cadet.

Cette lettre, comme les précédentes, étudiée avec soin, laisse apercevoir les qualités, et même les défauts, qui vont bientôt peser de tout leur poids sur les nations.

CHAPITRE V.

SOMMAIRE.

—

Les religieux Minimes maîtres de l'école de Brienne. — M. Dupuis le Principal. — Le père Patrault, professeur de mathématiques. — La première communion de Napoléon. — Son amitié pour le père Charle l'aumônier. — Ses sentiments religieux. — *Le plus heureux jour de sa vie.* — Anecdote racontée à ce sujet par le général d'artillerie Drouot. — Lettres écrites à cette époque par Napoléon au Cardinal Fesch. — Napoléon missionnaire. — Pape ou chef d'ordre, en embrassant la vocation ecclésiastique. — Le Cardinal Fesch lisant des lettres de Napoléon dans la cour du séminaire Saint-Sulpice. — Le salut dépend d'une bonne première communion. — Napoléon en est un exemple. — Napoléon parlant de sa première communion à Sainte-Hélène. — Les défauts et les qualités de Napoléon à cette époque : l'esprit de calcul. — L'amour-propre. — L'esprit du monde et l'esprit de Dieu. — Lutte de ces deux esprits chez Napoléon. — Religieux. — Méditatif. — Importance de la méditation. — Solitaire. — Défauts de l'éducation moderne, où règne l'irréflexion. — Les païens nos maîtres sous ce rapport. — Leurs augures. — Leur superstition. — Mensonge de leur religion si honorée, et vérité de la nôtre si bêtement dédaignée. — Sensibilité de Napoléon. — Bon fils. — Son patriotisme ardent. — Indication de son génie politique. — L'ami de Napoléon, M. Fauvelet de Bourrienne. — Les deux plus forts mathématiciens de l'école. — Un autre ami de Napoléon, M. des Mazzis cadet. — Son portrait. — La révolution les sépare. — Ce fut l'Empereur qui le raya de la liste des émigrés. — Permanence de leur amitié. — Reconnaissance de Napoléon pour les maîtres de son enfance. — Son amour de la vertu. — Opinion de Pichegru, maître de mathématiques à Brienne, sur Napoléon. — Désigné par M. de Keraglio pour passer à l'école militaire. — Napoléon et Marie Antoinette.

V.

Or, j'étais un enfant heureux et j'avais reçu
de Dieu une âme d'un bon naturel ; et deve-
nant bon de plus en plus, je m'approchai de
Dieu dans un corps qui n'était point souillé
par le péché.

La Sagesse, ch. VIII, v. 19, 20.

L'école de Brienne était confiée aux reli
gieux Minimes, qui dirigeaient l'instruction
et l'éducation. Le Principal était M. Dupuis,
et le professeur de mathématiques, ce même
père Patrault, nommé par Napoléon dans la
lettre qui termine le chapitre précédent.

7.

C'est à Brienne qu'il fit sa première communion. Sa conduite et ses sentiments, à cette époque solennelle, furent ceux d'un enfant bien né. Il se donna à Dieu tout entier. Il sentit, avec une sorte d'exaltation bien naturelle, le bienfait de cette heure fortunée, où la grâce descend visiblement en nous, et scelle, dans le cœur, les définitions de la vertu, la science de Dieu, le ciel, et Dieu même. Le prêtre, qui s'appelait le père Charle, de ce jour, devint son ami. Ni la révolution, ni la guerre, ni le trône, n'interrompirent cette amitié. Nous le verrons, officier d'artillerie, quand la religion et les prêtres sont proscrits, et que son service le rapproche du modeste séjour, où son ancien maître a caché son existence, toujours saisir avec joie, avec bonheur, l'occasion d'aller le revoir, lui rendre un hommage, peut-être lui demander un conseil, et se retremper dans l'atmosphère de la présence et des vertus qui s'échappent de l'homme de bien. A peine maître du pouvoir, il se souvient du pauvre aumônier pour lui adresser une pension. Bonaparte n'oublia jamais le catéchiste de sa première communion. Un souvenir délicieux, profond, lui en demeura toute sa vie, et revint souvent s'offrir à son esprit comme nous le verrons dans le cours de ce récit : souvent il exprima que sa première communion lui avait laissé l'idée du parfait bonheur. L'anecdote suivante est, entre plusieurs, celle que nous choisissons comme la plus propre, par le caractère élevé de ceux qui la racontent avec l'autorité de leurs noms, à faire de l'impression sur le lecteur.

On sait, par le général Drouot, qu'un jour, dans sa tente, où il recevait les compliments d'une victoire décisive, quelqu'un lui dit: « Sire, c'est le jour le plus heureux

de votre vie ! » Napoléon répliqua vivement :
« Non, Monsieur… » Il se fit un silence et chacun ensuite nomma le jour qui lui semblait
mériter le mieux cette qualification : « Monte-
notte, le 18 Brumaire, Marengo, le Couron-
nement, Austerlitz, la naissance de son fils. »
— « Non, Messieurs, » dit encore Napoléon :
il y eut un nouveau silence et de l'étonnement ; et Napoléon, grave, recueilli et très
ému, nomma, *le jour de sa première communion.* Comme il promenait son regard dans
l'assemblée, où il ne voyait que de la surprise,
il aperçut une larme dans l'œil de l'un des as-
sistants ; il s'approcha de lui, et, lui serrant la
main : « Vous me comprenez, vous », lui dit-
il. » C'était le général Drouot, général d'artillerie, qui pratiquait lui-même sa religion,
dans les camps, avec la régularité d'un chrétien de la primitive Eglise. Il n'a pas voulu
que ce trait touchant fût perdu pour la postérité ; c'est lui qui l'a raconté à son évêque,

évêque de Nancy, l'archevêque actuel de Bordeaux [1].

M. l'abbé Fesch (depuis, cardinal), son oncle, reçut, vers ce temps là, plusieurs lettres de lui, écrites avec la foi la plus vive et l'élan d'un cœur vertueux, qui s'abandonnait tout à l'influence de l'action divine. Plusieurs personnes, et notamment M. Beuzelin, curé actuel de l'Assomption, ont entendu le cardinal Fesch lire une de ces lettres, où le jeune communiant dépréciait les mérites du service militaire, en les comparant aux avantages et à l'utilité du service de Dieu. « Que les fins de l'état militaire, disait-il, sont étroites et courtes, si on les compare aux fins de la religion ! En y songeant, je me sens des dispositions à

---

[1] Dans une lettre du général Drouot, écrite au général A. de Montesquiou, le pair de France, qui nous l'a donnée, le général Drouot s'exprime ainsi : *Par l'ensemble des relations que j'ai eu le bonheur d'avoir avec l'Empereur, j'ai acquis la conviction de ses sentiments religieux.*

quitter mon épée de soldat pour le crucifix du missionnaire; j'irai avec vous, mon oncle, porter la foi aux extrémités du monde, chez les sauvages. Vous les évangéliserez, et moi je les civiliserai, en leur enseignant la lecture, le dessin, les mathématiques. Catéchiser les hommes ne vaut-il pas mieux que de les tuer? La gloire de la vertu n'est-elle pas préférable à la gloire des armes?» On a dit que Napoléon, s'il eût embrassé la carrière ecclésiastique, aurait été chef d'ordre ou pape, comme il avait été empereur et grand capitaine parce qu'il avait embrassé la carrière des armes; nous le croyons, en l'entendant exprimer des sentiments pareils. Le cardinal Fesch, à qui ces lettres avaient été écrites, se plaisait à les lire, à l'époque du Consulat et sous l'Empire, aux grands personnages, aux dignitaires et aux évêques : plusieurs fois même, il en fit la lecture tout haut, pendant la récréation, au milieu du séminaire de

Saint-Sulpice. Ces lettres précieuses, conservées par le Cardinal, sans doute sont maintenant passées aux mains de ses héritiers.

On dit avec raison que le salut dépend d'une bonne première communion : Napoléon en est une preuve nouvelle. Ni les joies de l'ambition, ni les lauriers de la victoire, ni l'enivrant orgueil de l'empire, ni les acclamations et les applaudissements de l'univers, n'ont pu étouffer sa conscience, et balancer, dans son cœur, le bonheur innocent des émotions pieuses, ressenties par lui le jour de sa première communion, tant son union avec Dieu ce jour-là fut intime, profonde, ardente et sincère !

Avant de quitter un sujet si intéressant, je prie le lecteur d'écouter encore Napoléon lui-même parlant de sa première communion, non plus sur un champ de bataille, mais à Sainte-Hélène, quand l'obscurité et le silence du tombeau commencent à se faire autour de lui : « Le son des cloches me manque ici, dit-il à ses compagnons d'exil, il me manque... je ne m'accoutume pas à ne plus l'entendre. Jamais le son d'une cloche n'a frappé mon oreille, sans reporter ma pensée vers les sensations de mon enfance. L'*Angelus* me ramenait à de douces rêveries. Quand, au milieu du travail, j'en entendais les premiers coups, sous les bois ombragés de mon palais de Saint-Cloud, bien souvent on me croyait rêvant un plan de campagne ou une loi de l'empire, quand tout simplement je reposais ma pensée, en me laissant aller aux premières impressions de ma vie. Au fait, la religion, c'est le règne de l'âme, c'est l'ancre de sauvetage du malheur![1] »

[1] Extrait de l'Histoire de la captivité par M. le général Montholon, publiée dans le journal *la Presse*.

Lecteur, c'est assez, je m'arrête : Napoléon, sur son rocher, ne regrette pas la puissance, ni le bruit du canon, mais la cloche, l'*An-gelus*, l'église et l'aumônier de Brienne !

Voici le beau côté de l'enfance de Napoléon ! Mais, hélas ! comme on a pu le voir, déjà l'esprit du monde, sous la forme de l'esprit scientifique, naissait, croissait, se développait parallèle à l'esprit de Dieu ! Celui-ci, domine encore Napoléon, comme un maître supérieur dont le pouvoir et l'existence l'oppriment, parce qu'il ne peut le *calculer*, c'est le Ciel, dont l'azur céleste, mystère sublime, plane au dessus de sa tête ; l'autre, que Napoléon mesure, manie, embrasse déjà, comme un objet qui est à lui, qu'il se soumet, c'est la terre, c'est le monde. Ces deux esprits si différents vont se disputer l'existence et l'âme de Napoléon. Les hommes ne voient que ce qui est extérieur,

Dieu, lui, voit surtout l'intérieur. A Brienne, l'esprit de Dieu sera vainqueur; mais déjà l'on voit poindre avec le génie du calcul, un patriotisme opiniâtre, une certaine confiance en soi-même, qui n'est pas tout à fait l'humilité chrétienne : cet esprit de calcul peut étouffer l'esprit religieux; on le comprendra aisément, puisque l'un est l'amour du visible, et l'autre l'amour de l'invisible. L'esprit positif de Napoléon, dévoré du besoin d'action, veut en tout un résultat : entraîné sur cette pente fatale, il en viendra bientôt, par une conséquence bien triste, à trop estimer *les lieues carrées*, *qui seules*, disait-il, dans son langage énergique, *pèsent dans la balance*. C'est ce qui a fourni le prétexte à ses détracteurs de l'accuser d'avoir étendu trop loin les applications du calcul, non seulement à la guerre, à la politique, mais encore à la morale, à l'amitié, même à la famille et à la religion

Tel il était enfant, tel nous le trouverons dans toute sa carrière! meilleur dans ses sentiments que dans ses actions, parce qu'il agissait plus d'après ses idées systématiques que d'après son cœur et ses croyances : vice trop commun chez tous les hommes de son temps, et qui est le vice de tous ceux qui ne se font pas un devoir de la pratique de la religion. Quel est l'homme qui ne consulte alors, dans ses actions, dans son raisonnement, moins sa religion que ses passions et son intérêt. Hélas! quelle part Adam a faite à nos égarements, en étendant la liberté du mal! Napoléon crut trop à son esprit, à sa liberté. Il se confia trop à son jugement; il empiéta sur le domaine de Dieu, et trop souvent dans sa conduite politique et privée, au lieu de suivre les lois éternelles de la morale et du droit, il modifiait ces lois, quelquefois il inventa même des principes pour la circonstance et la difficulté du moment. Ces défauts et ces qualités, grandissant avec lui, furent l'origine du bien comme du mal qu'il fit à la religion, et l'origine de ces contradictions qui ont déchiré, assombri son existence, et dont les secousses faillirent ébranler, non seulement l'univers politique, mais encore l'univers chrétien, tant la puissance de cet homme fameux fut grande et universelle!

Sa qualité par excellence, qui parut dès son enfance, ce fut, avec l'amour du travail, une disposition naturelle à méditer : qualité première, essentielle, puisqu'il ne peut venir rien de bon, rien de régulier, d'un être irréfléchi. A Brienne, il se plaisait à être seul, et la solitude, loin de lui être à charge, comme aux autres enfants de son âge, était pour lui un bonheur, et comme son élément, son séjour préféré. C'est qu'il y vivait avec des pensées qui l'emportaient déjà sur les ailes de la réflexion, dans les mondes de la science et du génie, qui s'ouvraient devant lui comme devant leur futur empereur : ainsi l'aigle cherche les hauteurs de l'air et la solitude du désert et des monts escarpés. Dans notre éducation moderne, où l'on parle de tout aux enfants, assurément on ne leur parle pas assez de la nécessité de s'étudier soi-même, en écoutant la voix de la conscience, celle de son propre esprit, et la voix de cet autre esprit, placé auprès de nous, comme un céleste compagnon, pour être ce que la religion appelle notre ange gardien. De là tant d'éducations manquées et tant d'êtres incomplets. Cependant, pour être docile aux leçons de l'expérience, il faut être docile à son propre esprit, et l'on n'écoute pas Dieu, sans se recueillir et s'écouter d'abord soi-même. Les païens, sous ce rapport, peuvent nous servir de modèles. Avec quelle superstition, ils consultaient la nature, dans l'espoir d'entendre quelque voix, d'obtenir quelque réponse de l'auteur de la nature! Quel rôle jouaient chez eux leurs prêtres, leurs augures! toute la politique dépendait de la religion, et leur religion n'était que mensonge! La nôtre est la pure vérité, et nous semblons rougir de lui appartenir. Nos législateurs évitent son contact comme un danger, comme une peste! néanmoins le chrétien relève du Ciel; c'est Dieu, c'est son âme, et non la Nature, qu'il doit consulter!

Napoléon était spirituel, intelligent; il était aussi sensible. La piété filiale, cette première vertu d'un enfant bien né, avait chez lui de profondes racines. Ce sentiment ne faisait qu'un avec son patriotisme. Dès sa plus tendre jeunesse, il était vivement préoccupé des malheurs de sa mère, qui se confondaient dans son esprit avec l'asservissement de la Corse. Son cœur ne pouvait se défendre d'une aversion naturelle contre la France : « De quel droit subjuguer son pays natal, et le tenir dans notre dépendance, sous le joug du commandement et de l'occupation militaire ? » Ces pensées si fières, ne sont-elles pas les réflexions naissantes d'un génie politique et d'un homme d'état ? Il savait les retenir en lui-même ; mais, dans l'occasion, il ne craignait pas de les manifester avec cette énergie, cette spontanéité qui est la noblesse et la puissance de l'individu.

Il manquerait quelque chose à l'enfance de Napoléon si l'amitié n'y paraissait ; mais comment manquerait-il d'un ami, celui qui aime sa mère ? Ceux que nous aimons sont d'autres nous-mêmes, des traits de notre esprit ou de notre cœur, des personnifications de nos qualités, de nos défauts, de nos vertus et de nos vices ; et souvent les connaitre, c'est nous connaitre nous-mêmes : l'on peut juger un homme par ses amis. Bertrand, Drouot, Duroc, Bassano, Lannes, Bessières, et tant d'autres que je ne puis nommer, oui, vos qualités morales me disent celles de Napoléon. Fouché, Castlereag, Hudson-Lowe, qui fûtes ses plus cruels ennemis, votre haine l'honore, en nous disant combien son cœur, son esprit étaient antipathiques à vos cœurs, à vos esprits. Tous les historiens s'accordent à dire qu'il y avait à Brienne un élève doux, prévenant, modeste et studieux, qui avait l'amitié de ses camarades, Fauvelet de Bourrienne ; ce fut lui que Napoléon choisit pour son ami. Ils étaient d'égale force, et les premiers, l'un et l'autre, dans la classe de mathématiques, ce qui les rapprocha d'abord, et commença leur liaison.

J'ai connu personnellement un autre ami

d'enfance de Napoléon, M. des Mazzis cadet, qui reviendra souvent dans ce récit. C'était aussi un homme de la société la plus douce et la plus polie, et qui joignait aux qualités de l'homme du monde celles d'un excellent chrétien. Il fut l'inséparable de Napoléon, depuis l'enfance jusqu'au moment de l'émigration, dont il embrassa le parti, pendant que son ami suivait celui de la révolution; ce qui les sépara jusqu'au Consulat, où M. des Mazzis, rayé avec tant d'autres par Napoléon de la liste des émigrés, rentra en France, et obtint bientôt dans la maison civile de l'Empereur un poste aussi honorable que lucratif. Il fut toujours, pour l'Empereur, moins un officier de sa maison que son ami. Nous aurons l'occasion de citer des traits touchants de cette permanence des sentiments de l'Empereur à l'égard de son ami d'enfance. M. des Mazzis en était digne.

Napoléon sut de même gagner l'affection et l'estime de ses maîtres, et, ce qui est rare, créer entre eux et lui une intimité grave et sérieuse, qui se prolongea au delà de la sortie de l'école; intimité qui ne fut point invoquée en vain par ceux qui s'en réclamèrent, aussitôt que Napoléon put les protéger, et verser sur eux les bienfaits du commandant de l'armée d'Italie, du consul ou du souverain. Nul homme n'a jamais été magnifique et généreux dans sa reconnaissance comme Napoléon, avec un esprit d'ordre et d'économie aussi prononcé que le sien; et toute sa vie a prouvé que la reconnaissance, était une dette sacrée pour lui, heureux et fier de s'en acquitter en toute occasion, envers tous, mais spécialement envers ceux de qui il avait reçu le premier des bienfaits, celui d'une éducation chrétienne. Un maître, un ami eurent toujours un accès facile auprès de lui; néanmoins il subordonnait l'amitié aux exigences de sa position, et ses sentiments aux principes : c'est qu'il écoutait sa conscience avant toutes choses ; car, dès l'enfance, il avait des principes arrêtés et de l'empire sur lui-même, une horreur instinctive pour le vice, et il manifestait, en toute occasion, ses sympathies et son enthousiasme pour la vertu. C'était un caractère moral prononcé, et, sous ce rapport, un enfant hors de ligne et tout à fait supérieur.

Un professeur, pendant une promenade, tomba frappé d'apoplexie foudroyante. Aussitôt les élèves de s'empresser autour de lui ; c'était un père minime. Bonaparte fut celui qui montra la présence d'esprit la plus rare, pour prodiguer à son professeur tous les secours nécessaires dans une situation semblable ; ensuite, comme il s'agissait d'établir un brancard, ce fut Bonaparte qui choisit les arbres dans la forêt, qui fit l'assemblage des pièces, et, pendant tout le trajet jusqu'à l'École, on le vit pieusement surveiller le convoi, pour éviter les cahots et pour faire régner le silence autour du malade.

Pichegru, avant d'être général, avait été professeur de mathématiques à Brienne, et répétiteur de Napoléon. A l'époque où ce général servait le parti royaliste, consulté s'il y avait quelque chance d'amener aux Bourbons le jeune général, qui, par ses victoires en Italie, commençait à appeler à lui tous les regards : « N'y perdez pas votre temps, dit Pichegru : je l'ai connu enfant, ce doit être un homme inflexible. Il a pris un parti, il n'en changera pas. »

En 1785, il fut un de ceux que le concours d'usage désigna pour aller achever son éducation à l'École militaire de Paris.

L'inspecteur, le chevalier de Keraglio, auteur d'une Tactique, et qui était très propre à sa fonction, avait pris une affection toute particulière pour le jeune Napoléon : il le nomma pour se rendre à Paris. L'enfant n'était fort que sur les mathématiques ; mais, à toutes les questions qu'on lui fit, le chevalier répondait : « Je sais ce que je fais : je passe ici par dessus la règle, ce n'est point une faveur de famille ; je ne connais point celle de cet enfant ; c'est tout à cause de lui-même ; j'aperçois ici une étincelle qu'on ne saurait trop cultiver. » Nous avons vu que le père de Napoléon avait remis à la reine Marie-Antoinette une lettre de recommandation de son frère, le grand duc de Toscane Léopold. M. de Keraglio obéissait à sa conscience, sans doute, en nommant Napoléon pour se rendre à l'Ecole militaire, malgré son extrême jeunesse ; mais M. de Keraglio peut-être obéissait-il en même temps à une autre secrète influence. Il ne connaissait pas la famille de Napoléon, soit; mais un inspecteur, en emportant les instructions du ministre, n'emporte-t-il pas aussi les desirs et la volonté du trône? Je ne sais ce qui en est; mais l'imagination sourit à l'idée de la fille des Césars, vouée déjà à l'immortalité de son échafaud, et, par une de ces volontés secrètes de la Providence, protégeant un enfant qui doit ressusciter le principe monarchique, et préparer une restauration royale, en fondant un trône sur les débris d'une république impie, athée, liberticide et régicide ; cet enfant sera redevable, à une série merveilleuse de victoires, d'épouser un jour, sur un champ de bataille, une autre fille des Césars, nièce de l'illustre victime des assassins de 93 !!!

CHAPITRE VI.

VI.

Comment l'homme, dans sa jeunesse, rendra-t-il sa vie pure? Ce sera en gardant vos commandements.

Ps. 118, v. 9.

On vient de lire que Napoléon n'était fort que sur les mathématiques, et il paraît en effet que la chimie, la physique, l'astronomie, étaient assez négligées à Brienne ; mais les lettres de Napoléon sont écrites d'un style, qui prouve que la langue française lui était familière, qu'il en avait cultivé l'étude avec assez de succès; c'est un assez bon style pour un style d'écolier de douze à treize ans, et même, sans ironie, ajoutons que l'Université serait peut-être en peine de trouver un enfant du même âge, sur les bancs, pour l'opposer à l'élève des religieux Minimes de Brienne. De plus, voici un document précieux, dont l'autographe original, de la main de Napoléon, qui en serait l'auteur, se trouve dans une collection royale d'autographes du duc de Saxe-Weimar. C'est une fable en vers, écrite à la manière de La Fontaine, et qui, pour la concision, la naïveté du style, la profondeur et la vérité des idées, rappelle cet inimitable modèle:

Le chien, le lapin et le chasseur.

César, chien d'arrêt renommé,
Mais trop enflé de son mérite,
Tenait arrêté dans son gîte,
Un malheureux lapin, de peur inanimé :

« Rends-toi, (lui cria-t-il, d'une voix de tonnerre,
Qui fit, au loin, trembler les peuplades des bois),
    Je suis César connu par ses exploits,
    Et dont le nom remplit toute la terre. »
    A ce grand nom, Jeannot lapin,
Recommandant à Dieu son âme pénitente,
    Demande d'une voix tremblante :
    « Très sérénissime mâtin,
    Si je me rends, quel sera mon destin ? —
Tu mourras. — Je mourrai, dit la bête innocente ;
    Et si je fuis ? — Ton trépas est certain. —
Quoi ! reprit l'animal qui se nourrit de thym,
    Des deux côtés je dois perdre la vie ;
        Que votre auguste seigneurie,
Veuille me pardonner, puisqu'il me faut mourir,
        Si j'ose tenter de m'enfuir. »
    Il dit et fuit en héros de garenne.
Caton l'aurait llâmé, je dis qu'il n'eut pas tort ;
        Car le chasseur le voit à peine,
Qu'il l'ajuste, le tire, et le chien tombe mort.
Que dirait de ceci notre bon Lafontaine ?
        Aide-toi, le ciel t'aidera.
        J'approuve fort cette méthode là.

Que de traits qui peignent ici le génie
civil et le génie guerrier de l'auteur de
cette fable, qui vaut mieux toute seule

que la collection complète des ouvrages de plusieurs illustres auteurs de notre époque ! Cette morale *aide-toi, le ciel t'aidera,* a présidé à toute la vie de Napoléon. Il n'est pas d'homme qui, à tous les âges, ait travaillé davantage, qui ait moins accordé au hasard, et en même temps, qui ait eu, plus que lui, le sentiment que le succès dépend de Dieu seul. C'est le mot de l'énigme de l'heureuse audace de ses débuts, tempérée par une si rare patience, qui a également illustré les revers de la fin de sa carrière. Cette morale fut l'âme de sa politique, le germe fécond de son activité, le principe de cette volonté puissante, qui créa dans lui ce caractère inflexible, *Barre de fer,* que le levier de toutes les forces de l'Europe, avec le point d'appui de la volonté divine le plus manifeste, pourra seul, et comme avec peine, soulever, transporter et river au rocher de Sainte-Hélène,

sans la courber ni la faire fléchir. Cette
pensée

> . . . . Jeannot lapin,
> Recommandant à Dieu son âme pénitente,

est un trait d'un haut comique, mais en
même temps un sentiment religieux. Si
nos littérateurs actuels n'écrivent que des
mensonges, des billevesées et des rêves,
un homme sérieux et positif, tel que
Napoléon, n'exprime, lui, que ce qu'il
pense, et ne pense que ce qui est vrai[1].

---

[1] Cette fable est indubitablement de Napoléon, puisque l'autographe existe, mais nous doutons qu'il l'ait composée à Brienne ou à l'école militaire. Elle est trop parfaite pour être l'œuvre de son enfance; elle est plutôt une composition de sa jeunesse, et du temps où il concourait pour le prix à l'académie de Lyon. On a dit que Napoléon ne savait pas l'orthographe; et en effet, il y manque souvent dans les autographes qui nous restent de lui; ce n'est pas qu'il l'ignorât, ce qui est absurde à supposer chez un homme qui a resté, *six ans*, dans les meilleures écoles du temps, et qui, ensuite, s'est adonné spécialement à la culture des lettres; mais Napoléon pensait vite et écrivait de même! De là les fautes

Il fut admis à l'Ecole militaire le 1er septembre 1784. La note de cette admission, conservée longtemps dans les archives du ministère de la guerre, portait ces mots : « *Napoléon de Buonaparte* [1], *admis à l'Ecole militaire, élève du Roi, comme s'étant distingué par* LA PURETÉ DE SES MOEURS, *sa docilité, son aptitude aux sciences, et les progrès qu'il avait faits.* »

Le **22** juillet de cette année, le roi Louis XVI, qui comblait la famille Bonaparte de ses bienfaits, avait admis *Marie-Anne de Bonaparte* à la maison royale de Saint-Louis, à Saint-Cyr.

d'orthographe qu'il corrigeait fort bien lui-même à Sainte-Hélène, par exemple, où il en avait le temps, ce qui nous a été dit par M. le comte Montholon.

[1] Il est bon qu'on sache que Napoléon s'appela Buonaparte avec un *u*, pendant son enfance et jusqu'au consulat, où il ôta l'*u*, pour franciser son nom. D'ailleurs, parmi ceux qui portaient ce nom, dans sa famille, les uns prenaient l'*u*, en l'écrivant, et les autres ne le prenaient pas.

La constance est la vertu essentielle des hommes héroïques. Napoléon fut donc, à l'École Militaire, le même qu'à Brienne, avec ces différences, ces changements, ces progrès, qu'amène nécessairement le développement de la raison, et aussi celui des passions; croissance morale qui suit presque toujours parallèlement la croissance physique. Quel danger, si la religion n'était là pour équilibrer ce triple développement, cette triple puissance, puisqu'elle seule est la vraie lumière de la raison, le frein de la chair et du sang, et la maîtresse des passions!

Ce fut à l'École Militaire, à l'âge de seize ans, qu'il reçut le sacrement de la confirmation, quelques mois seulement avant de quitter l'École, pour entrer dans un régiment. Une particularité de cette cérémonie, que tous les historiens signalent, rapportée par Napoléon lui-même, ce fut qu'à ce nom de Napoléon, l'Archevêque ayant témoigné de l'étonnement, et disant « qu'il ne connaissait pas ce saint-là, qui n'était pas dans le calendrier », Napoléon répondit avec vivacité : « que ce ne saurait être une raison, puisqu'il y a des millions de saints, et seulement 365 jours dans l'année ». Répartie heureuse !

Une circonstance terrible, dont nous allons tout-à-l'heure entretenir le lecteur, le disposa providentiellement à recevoir ce sacrement, avec la même piété, qui signala sa première communion.

Cependant l'amour-propre, le sensualisme parurent alors dans son âme pour la souiller, en opposant le monde à Dieu, la personnalité à la religion. N'étant pas libre encore de se mêler et de participer aux événements du jour, Napoléon s'y élançait en idée : l'esprit du monde, qui ne fait qu'un avec les passions, en prêtant sa voix et ses excuses aux vices de la jeunesse, la range aisément de son côté; cet esprit suggéra à Napoléon ces doutes, ces objections, qui ne sont autre chose que le cri de révolte des sensations et de la nature corrompue, impatiente de paraître, et jalouse d'exercer son empire. Parvenus à l'adolescence, alors que l'organisation se complète, un malaise indéfini s'empare de nous, torture le cœur, et donne naissance à une lutte terrible, qui s'élève entre nos desirs et la conscience : c'est que nous ignorons l'emploi, ou plutôt nous pressentons l'abus de la puissance d'aimer, puissance nouvelle qui apparaît, qui nous charme, et qu'on veut aussitôt satisfaire. Que d'idées nouvelles dont l'amour est la source! Alors, au lieu de se recueillir, et de chercher, en haut, l'objet digne de notre amour, on s'attache à soi-même, à la poussière des sensations, à ce qui plaît et séduit d'abord, à l'éclat et au coloris fugitif des fleurs, préférence fatale, qui nous entraîne à négliger notre âme, à ne tenir compte que du corps; et l'homme destiné aux célestes demeures de l'infini adopte avec son cœur le cachot du fini, où il s'emprisonne lui-même; il abdique son titre de fils de l'Éternel, et se condamne lui-même à n'être plus que le fils du temps et de la mort. L'obscurité descend dans son entendement, où s'éteint la foi, qui seule pourrait le guider dans cette phase critique. Malheur à celui qui ne la prend pas aussitôt pour sa boussole! En refusant à Dieu ce premier hommage, il mérite que Dieu l'abandonne à l'égarement des sens. En fuyant sa présence, nous fuyons sa lumière, et, privés de la clarté d'en haut, nous sommes le triste jouet des fausses lueurs que nous fournit notre esprit. Celui qui doute des vérités de la religion, devient fatalement l'esclave des sensations, ces tyrans domestiques de la plupart des hommes. On laisse de côté les principes, et l'on se complaît dans une multitude d'idées, filles de la chair, et qui sont ce premier né qu'Israël doit immoler au vrai Dieu. Au lieu d'examiner avec la réflexion et d'éprouver les esprits, on se laisse séduire par le langage captieux du plaisir. A défaut de la vraie doctrine qu'on rejette, on s'applique à se faire un système que chacun bâtit à sa guise. On adopte les maximes faciles et pernicieuses. On condamne l'Évangile, plutôt que de se condamner soi-même.

L'histoire de Napoléon paraît avoir été, sous ce rapport, celle de la plupart des jeunes gens :

« Parvenu à l'âge de puberté, dit-il lui-même, je devins morose et sombre; je cherchai un refuge contre l'envahissement des sensations dans la lecture, qui fut chez moi une passion poussée jusqu'à la rage : je dévorais tous les livres. »

Ce qui accuse l'imbécillité et l'inconséquence de l'esprit humain, c'est son extrême délicatesse dans le choix de sa société et de ses amis, et son extrême apathie, son indifférence mortelle dans le choix de ses lectures. On rougirait d'ouvrir sa maison à un malhonnête homme, et on ne se fait aucun scrupule, en lisant ce qu'il écrit, de lui ouvrir son esprit, son cœur, de lui livrer en quelque sorte son âme elle-même. Cependant, quelle étroite intimité s'établit entre l'auteur et le lecteur! L'un a toujours la parole, l'autre écoute toujours; et celui-ci n'a, pour résister au

dangereux prosélytisme du premier, que
le sentiment de son impartialité et la confiance en son discernement. Quelle présomption, quel orgueil ! Hélas ! n'est-ce
point là le crime d'Eve, dans le Paradis
terrestre ? Quel est celui qui a assez de
promptitude, un coup d'œil assez sûr pour
faire le triage des idées, dans ce flot tumultueux qui inonde l'esprit ! Dans toute lutte,
ignore-t-on que toujours le plus faible doit
céder au plus fort ? Un auteur est un athlète,
qui n'entre en lice que pourvu des armes les
plus capables de vaincre et d'assurer sa victoire. Quelles sont les armes défensives du
lecteur ? L'appétit d'une folle curiosité. Les
idées sont l'aliment de l'âme, comme les
molécules sont l'aliment du corps : deux
aliments qui répondent à deux appétits, qui
tous les deux ont également besoin d'être
soumis à des lois, à des règles hygiéniques.
Rien de plus faux que le principe contraire,

qu'on peut tout lire indifféremment ! Combien le christianisme y est opposé, lui qui veut que le Saint-Esprit préside à toutes nos démarches ; la raison seule, le bon sens nous commandent une grande réserve dans la quantité et la qualité de nos lectures. Trop d'humidité fait pourrir l'arbre le plus vigoureux, dont la racine a besoin d'un terrain sec et aride ; telle autre plante ne se plaît que sur le bord des eaux ; de même tel esprit a besoin de telle lecture, et celui-ci de telle autre, toujours la qualité doit être calculée comme la quantité, suivant la personne et son degré d'intelligence, suivant même ses occupations et son caractère ; autrement l'esclavage de l'appétit intellectuel est aussi vil que celui de l'appétit matériel, parce que son origine ou sa limite n'est ni dans Dieu, ni dans la nature, mais dans le vice ou la passion. C'est donc un grand mal, et la source de maux innombrables, que cet insatiable et désordonné besoin de lire. Oui, l'excès ou le mauvais choix des idées est aussi funeste à l'esprit, que l'excès et le mauvais choix des aliments le sont au corps. Les idées s'unissent à l'âme, comme les corps s'unissent aux corps, union naturelle, sorte d'hymen volontaire ou forcé : l'âme boit les idées, comme la terre boit la pluie, avec le même mystère continu et facile, que les organes de la respiration mettent à s'assimiler l'air, en l'aspirant et l'expirant ; mais ce n'est qu'avec du travail, de la réflexion, un jugement sûr, qu'on discerne le bien du mal, le vrai du faux ! à notre insu, ce que nous lisons détériore ou améliore notre esprit, dégrade ou ennoblit nos sentiments, corrompt ou épure la conscience ! Ce sont les idées qui éclairent ou obscurcissent l'entendement, qui moralisent l'âme ou la dépravent. Quelle n'est donc pas l'importance du choix de nos lectures ! Et qu'on nous pardonne d'insister : ici les suites et les dangers sont incalculables : trop souvent il suffit d'un seul mauvais livre, pour décider la perte éternelle d'une âme tout à l'heure encore innocente, comme il suffit d'un orage pour anéantir en un instant la plus riche récolte.

Si Napoléon, ce que nous allons établir, fut lui-même la victime de son insatiable besoin de lire, et du mauvais choix de ses lectures, qui ne devra pas se tenir en garde contre cet écueil, où se heurtent et sombrent tant d'existences, tristement naufragées sur l'océan périlleux du monde, et trop souvent dans le port même de la maison paternelle ou de la maison d'éducation?

« Napoléon cherchait, disait-il, dans la lecture, un refuge contre l'envahissement

des sensations » ; mais les livres qu'il lisait.
au lieu de calmer son cœur, en augmen-
taient le trouble et l'agitation. L'Évangile
l'a dit : On ne résiste aux passions que par
la prière, et à la tyrannie des sens que par
le jeûne [1]. Il y a plus de connaissance du
cœur humain dans cette parole du Christ,
plus de sagesse que dans toute la philosophie de Platon et de Socrate, et de tous les
philosophes présents, passés et à venir. Il
n'y a pas de guérison, si l'on n'implore
humblement le secours de l'unique méde-
cin. Napoléon en eût encore triomphé, en
se confiant à un de ces vénérables ministres
du Seigneur, qui remplacent Dieu et sont
vraiment les pères de nos âmes. Quelle
connaissance de soi-même, le chrétien ac-
quiert, en se faisant connaître au prêtre !

---

[1] Cette sorte de démons ne se chasse que par la prière et le
jeûne.

SAINT ÉVANGILE.

Connais-toi toi-même, disait la sagesse de l'antiquité profane ; c'était l'inscription du temple de Delphes, comme le premier et le dernier mot de l'initiation à tous les mystères du sacerdoce pythien. Le Christ seul a pu dire davantage ; en nous donnant la confession, il nous a donné la clef de la connaissance de nous-même.

Si Napoléon eût rapporté sa situation morale et soumis son cœur à un juge indulgent et expérimenté, en pratiquant les conseils de la foi, quel secours il eût trouvé contre ses passions ! du moins, dans cette phase critique, il ne recula ni jusqu'à l'athéisme, ni jusqu'à l'impiété, ni même jusqu'au vice. Il avait trop de rectitude et trop d'élévation dans l'esprit ; si, trompé par les mauvaises lectures et les sophismes d'une fausse philosophie, en adoptant des principes erronés, il conçut des doutes sur la religion, du moins il n'alla pas plus loin que le doute : ce doute ne se formula par aucune négation contre le dogme, ou contre aucune vérité fondamentale du Christianisme. La foi put chanceler, sans périr, et même, en sortant victorieuse de cette épreuve, elle se releva momentanément, plus pure, plus brillante et plus ferme, comme la suite des faits va l'établir.

CHAPITRE VII.

SOMMAIRE.

—

11.

VII.

Celui qui se confie en son cœur est un insensé ; mais celui qui marche sagement sera délivré.

Proverbes, ch. xxviii, v. 26.

L'École Militaire fondée par Louis XV, en 1751, pour l'instruction de 500 enfants de gentilshommes sans fortune, était une école où l'on ne veillait pas moins à faire de bons chrétiens que de bons officiers.

Sous ce dernier rapport, disons, en passant, aux détracteurs de l'ancien régime,
que c'est cet ancien régime, tant calomnié,
qui a formé un Napoléon, comme son dernier élève, après avoir produit les Condé,
les Turenne, les Luxembourg, les Vauban,
les Catinat, les duc de Saxe, et tant
d'autres dont les actions, ni les noms ne
sont pas éclipsés, que nous sachions, par
les modernes ; et n'est-ce pas une chose
bien remarquable, que le meilleur général
de la république, celui dont l'épée,
comme un autre trident d'un autre Neptune,
imposa silence à l'océan de la révolution,
et rendit le calme à ses flots furieux , soit
un élève du Roi, un élève des religieux
Minimes de Brienne, un élève de l'École Militaire fondée par Louis XV?

Pour entretenir le feu sacré de la tradition de nos victoires, on voyait, dans le

vestibule de l'École Militaire, les figures en pied du vicomte de Turenne, du grand Condé, du maréchal de Luxembourg et du maréchal de Saxe. La statue en marbre et en pied de Louis XV, comme fondateur, était au milieu de la cour.

Dans la salle du conseil, étaient quatre tableaux, représentant la bataille de Fontenoy, les siéges de Tournay, de Lawfeld et de Fribourg, peintures historiques des principales campagnes de Louis XV.

Les yeux de Napoléon, arrêtés souvent sur ces tableaux, y puisèrent l'amour de la gloire, avec le génie guerrier, mais l'esprit religieux aussi, en interrogeant souvent onze tableaux de la vie de saint Louis, qui étaient dans la chapelle, et son unique décoration. Quel sujet de méditation, pour l'ardent Bonaparte, que la vie de saint

Louis ! Saint Louis, qui est à la fois un saint
et un héros ! un héros, dont l'intrépidité a
frayé le chemin de l'Égypte à Napoléon, et
celui d'Alger au loyal Charles X, revenu un
instant de l'exil parmi nous, comme pour
essuyer les larmes des yeux de la France, la
consoler de ses revers, et de l'humiliation
de ses pertes, par la conquête de la terre
d'Afrique : conquête également utile et glo-
rieuse à la France, à l'humanité et à la
religion, et qui semble être une volonté de
la Providence que la France doive à une
seule race, à une seule famille, la formation, l'agrandissement et l'admirable unité
de son immense territoire.

Animés par ces nobles souvenirs et par
ces exemples, les élèves de l'École Militaire,
presque tous, en sortaient avec la foi. Napoléon se distinguait parmi eux. M. des Mazzis
affirme qu'il conserva, jusqu'à sa sortie de

l'École, la pieuse habitude de faire sa prière le soir et le matin. Il y avait dans sa chambre un crucifix de bois noir, surmonté d'une branche de buis, et de l'eau bénite. On lisait, entre autres inscriptions, sur les murs, les maximes suivantes :

« Il est trois choses qu'un gentilhomme ne doit jamais permettre qu'on offense devant lui : son Dieu, son Roi, sa Dame. »

« Le plus beau jour de la vie est celui d'une bataille. »

« Tout finit sous six pieds de terre. »

Belles et énergiques pensées, dont l'élégance et la concision semblent nommer leur auteur !

Il était de ceux qui avaient une tenue décente, pensive et recueillie à l'église, où l'École se rendait les dimanches pour entendre la messe ; et même, devançant le temps où il régentera le monde et obligera l'impiété elle-même à se prosterner devant les autels du Dieu vivant, il eut occasion de montrer, plus d'une fois, qu'il était blessé d'une posture ou d'une parole inconvenante, que quelques-uns se permettaient pendant la célébration du saint office. Il est trop vrai, et nous ne le cacherons pas, que, même dans les écoles privilégiées de l'ancien régime, quoique la religion y exerçât sa souveraine surveillance, on comptait un bon nombre d'énergumènes de l'impiété. Ils ne se faisaient faute, avec leur impudence habituelle, d'étaler le cynisme de leurs opinions et de leur incrédulité : ceci nous a été affirmé par un ancien camarade de Napoléon à l'École Militaire, et donne plus de prix, et comme le charme d'un nouvel intérêt à l'anecdote suivante :

Un jour qu'un élève, au moment de l'élévation, affectait de tourner le dos au maître-autel, Napoléon ne put s'empêcher, par un premier mouvement, de lui en manifester impérieusement sa mauvaise humeur, en lui intimant de se placer comme tout le monde, intimation qui fut obéie aussitôt.

Ah ! si chacun de ceux qui fréquentent les églises, avait le noble courage de rappeler, au respect, le malheureux qui s'oublie en présence de Dieu, combien de scandales seraient réprimés, à l'instant même où l'on ose les commettre ? N'est-il pas des gens qui causent, plus haut, dans le lieu saint qu'à l'Opéra, et qui s'étonnent d'en être repris, tandis que, la toile levée dans leurs concerts, dans leurs spectacles profanes, leur intolérance brutale réclame aussitôt, bruyamment et avec insolence, l'expulsion de celui qui interrompt leur plaisir par le moindre bruit!

Je tiens ce fait, si honorable pour la religion de Napoléon, de M. des Mazzis, l'homme excellent et modeste que Napoléon a décoré, à Sainte-Hélène, dans le *Mémorial* de M. de Las-Cases, du titre de son meilleur ami, en disant que c'était lui qu'il fallait croire et consulter, si l'on voulait connaître son enfance et sa première jeunesse.

Madame la baronne de Bressieux, qui le connut plus tard, à Valence, officier d'artillerie, consultée par nous à ce sujet, rend le même témoignage à Napoléon, sur le respect qu'il avait naturellement, en toute occasion, pour la religion.

Il était d'ailleurs, à l'École Militaire, ce qu'il avait été à Brienne, toujours le même, travailleur, solitaire et méditatif; le silence la solitude, l'obscurité même lui plaisaient, comme plaisent aux autres écoliers le bruit, les distractions, les plaisirs et les jeux. Sous ce rapport, c'était un élève singulier: mais son ami, son camarade de chambre des Mazzis, était le seul qui connût bien l'excès de sa singularité: il lui parlait avec enthousiasme des délices de la méditation, et ne lui cachait pas comme aux autres, les mille stratagèmes qu'il inventait pour satisfaire sa passion. Il semble que ce soit un instinct du génie, de deviner la puissance et les avantages qu'on peut recueillir de la culture de cette noble faculté. En effet, elle est le frein et la discipline de l'esprit, la maturité et la règle du jugement, la source féconde des idées, une autre lumière de la raison, la serre chaude et le développement des autres facultés. Il ne paraît pas, d'ailleurs, qu'en méditant, il eût conscience d'autre chose que d'un pur exercice philosophique de l'esprit, s'appliquant à approfondir les problèmes de la science et les mystères de la pensée ; mais toute méditation sincère d'un esprit sans préjugés, qui ne manque, d'ailleurs, ni d'étendue, ni de droiture confine à l'oraison ; et nous ne doutons pas qu'en s'abandonnant à ses idées, à la puissance de sa réflexion, Napoléon ne dût, assez souvent, apercevoir, à l'horizon des limites du fini, des faces et comme des révélations de l'infini. Il est certain, du moins, qu'il puisât dans son habitude de réfléchir, une conscience vivace, inébranlable du juste et du vrai, du bien et du beau, avec un sentiment profond de l'existence de l'Être suprême. Il se plut, toute sa vie, à confesser, en toute circonstance, son union, sa croyance intime à ce sentiment, *qui ne faisait qu'un,* disait-il, *avec son organisation.* Bien différent de ces lâches souverains ou hommes d'état qui rougissent du nom de Dieu, il le mêlait dans ses discours, dans ses actions, dans sa politique, avec une hauteur, une fierté qui montraient bien que ce nom était une pensée qui dominait son esprit, et faisait palpiter son cœur. C'est déjà de la foi, chez l'homme, qui n'attaque pas, mais, comme Napoléon, qui protége au contraire le dogme catholique, sans nier aucune de ses vertus.

Voici une anecdote singulière et scabreuse à raconter sur ce sujet de sa passion pour méditer : nous avons hésité à l'écrire à cause de certains détails ; mais la réflexion nous a, enfin, décidé à l'insérer dans ce recueil, comme un trait caractéristique de la jeunesse de notre héros, anecdote bien authentique puisque nous la tenons de M. des Mazzis : celui-ci était malade à l'infirmerie de l'École, et Napoléon avait, tout seul, la libre disposition de la chambre qu'ils occupaient à deux. Que fait Napoléon? il imagine de se dire, à son tour, indisposé, et d'avoir besoin de repos pendant quelques jours ; il demande la permission aux chefs et l'obtient de garder la chambre. Muni de quelques provisions, il court s'y séquestrer, comme dans une nouvelle Thébaïde : il ferme, en plein jour, les volets pour ne plus les ouvrir, pendant tout le temps qu'on le laissera libre de demeurer là ; et voilà notre solitaire qui se met à méditer dans le silence d'une obscurité complète. Quelques rayons de soleil l'importunent, il bouche hermétiquement les moindres issues ; c'est dans les ténèbres qu'il médite, et c'est à la lueur d'une lampe qu'il écrit le fruit de sa méditation. Cet état de chose dura deux ou trois jours, sans qu'on entendît parler de lui. Il était heureux, il méditait. Je le comprends bien : le bonheur, comme le génie, réside dans la conscience ; par elle, par elle

seule, nous avons le sentiment de l'existence
de l'absolu et du parfait, du vrai et du juste ;
mais le corps a, comme l'esprit, des sujé-
tions impérieuses, Bonaparte n'avait pas pu,
plus qu'un autre, s'y soustraire, malgré son
régime diététique très sévère ; comment s'en
débarrasser, sans sortir de cette chère solitude, sans interrompre cet immense et absolu silence ? Véritable Italien, Bonaparte
ne se laisse pas arrêter par une si mince difficulté, il entr'ouvre discrètement sa fenêtre,
pendant la nuit, et précipite au dehors les su-
jétions de son corps de boue, heureux et
content, parce qu'il croit s'être assuré la liberté, l'affranchissement de sa solitude ;
mais qu'il était loin de compte ! De très bon
matin, il entend frapper à sa porte, et fait
d'abord la sourde oreille : mais il lui faut
ouvrir à un camarade fort en colère : la
chambre de celui-ci était au rez-de-chaussée,
et celle de Napoléon au premier. Ce cama-

rade avait donc, tout juste sous sa fenêtre, ce dont Napoléon avait trouvé tout simple de se débarrasser pendant la nuit. De gros mots furent échangés, et la colère s'échauffa, jusqu'à la proposition d'un duel accepté.

Les camarades intervinrent. L'affaire vint aux oreilles des chefs : les deux intéressés furent mandés à l'état-major ; là, on les obligea à renoncer et ils renoncèrent à leur volonté criminelle. Bonaparte racontant l'histoire à son ami des Mazzis, finissait par cette mauvaise plaisanterie : « Je ne savais pas, mon cher, que l'état-major mettait son nez dans ces cas là. »

On nous pardonnera l'insertion de cette anecdote, en faveur de l'importance de la conclusion morale que nous allons en tirer : Bonaparte, à Brienne, est sur le point de se battre en duel, comme le héros de la piété filiale, pour venger une offense faite à son père ; à l'École Militaire, voici un autre duel qu'il s'attire pour le motif de son amour de la méditation !

Il était un des premiers mathématiciens de l'École, et là, comme à Brienne, sa lecture favorite était les *Grands Hommes* de Plutarque, qu'il quittait pour aller, avec les ouvrages des plus célèbres ingénieurs, passer ses heures de récréation dans le fort Thymbrune, qu'on avait construit, pour l'instruction des élèves, à l'extrémité de leur promenade ordinaire. Il y était constamment seul, occupé à tracer des plans pour l'attaque et la défense de cette petite forteresse.

Il était aussi un des plus assidus pour lire et réclamer, avec opiniâtreté, des livres à la bibliothèque ; hélas ! il savait même s'en procurer du dehors, de tels, que la discipline de l'École ne pouvait les lui fournir, ni même ne pas en défendre l'entrée pernicieuse. Il s'agit ici des ouvrages de J. J. Rousseau, dont nous parlerons plus au long tout à l'heure, à cause de l'influence fatale qu'ils eurent sur son esprit.

On sait qu'il eut pour professeur d'histoire M. de Léguille, et pour professeur de belles-lettres M. Domairon. Celui-ci, frappé de la bizarrerie pleine d'originalité de ses amplifications, les appelait du *granit chauffé au volcan ;* en effet le génie de Napoléon, enfant et jeune homme, ressemble assez à un volcan, qui lance déjà des éclairs, de la flamme et de la fumée, capables d'incendier le monde ou de l'éclairer; et les idées de son esprit, si l'on en juge par les ouvrages qui nous restent de sa jeunesse, peuvent aussi, assez justement, être comparées à du granit

pour leur solidité ; mais ceci ressortira
d'une étude particulière et bien intéres-
sante des productions de sa jeunesse, étude
qui serait incomplète et prématurée, quand
il ne s'agit que de son enfance.

Ne nous étonnons donc pas si M. de
Léguille mit cette note à son nom : « *Corse
de caractère et de nation, il ira loin, si les circonstances le favorisent.* »

A l'École Militaire, comme à Brienne, il
se montrait fort préoccupé des malheurs de
la Corse ; et son nationalisme prononcé l'iso-
lait de ses camarades, et lui attirait encore
des railleries, mais plus mesurées qu'à
Brienne, et qui n'avaient rien d'injurieux,
rien d'offensant, railleries dont il s'enor-
gueillissait, bien loin de s'en affliger.

Ainsi, à la salle d'armes, pendant l'intervalle des leçons, il se promenait avec son fleuret, les mains croisées derrière le dos, et, poursuivi par le mot *Corse;* cédant parfois à l'impatience, il se retournait brusquement, et, se lançant sur ses camarades, comme plus tard il lancera son cheval au milieu des bataillons de l'Europe coalisée contre lui, d'estoc et de taille il ferraillait, seul contre tous, et semblait se plaire dans cette lutte inégale, combat qui n'avait rien de sérieux, et cessait au milieu des éclats de rire de ses camarades et de Napoléon lui-même : c'était le conflit de deux nationalités, l'une qui ne comptait qu'un représentant, l'autre qui en avait cent[1].

[1] Nous tenons ce fait de M. d'Auboutet, gentilhomme Poitevin, témoin oculaire, ancien élève de l'École Militaire; ce fut lui qui fut chargé de montrer le premier maniement des armes à Napoléon. Ayant donné sa démission d'officier, pour émigrer à la révolution, il revint ensuite dans le Poitou; il a continué d'y demeurer depuis dans la retraite du sage, sans avoir jamais rien demandé à son ancien camarade devenu empereur, ni rien de-

D'ailleurs, Napoléon n'était plus un enfant. Ce qui était instinct à Brienne aujourd'hui était de la conviction, du raisonnement, un sentiment profond, un système, de la volonté et de la puissance. Il lisait tous les livres qui parlaient de la Corse, et se tenait au courant de tout ce qui s'y passait, ne rêvant que sa délivrance. La Corse fut un livre, où il étudiait la politique et la législation Comme l'aiglon, au sommet des Alpes, explore avec impatience chaque branche de l'arbre où le sort a exposé son nid, étend l'envergure de ses ailes naissantes, promène l'audace de son œil sur les gouffres qui l'environnent, essaie l'étreinte de ses serres et

mandé non plus au gouvernement de la Restauration ! Cependant il avait été, à l'armée de Condé, le commensal et le compagnon de nos princes ; exception unique peut-être, à citer, de la modération dans les désirs, d'un officier qui avait les droits acquis d'une faveur semblable auprès de deux gouvernements également nobles et portés à reconnaître les droits, à récompenser les services.

la vigueur de son bec sur le tronc qui le porte : ainsi le jeune Napoléon, en approfondissant l'histoire de son pays, ne néglige rien, embrasse toutes les questions de l'organisation sociale, résout toutes les difficultés qui se présentent, soit la défense du territoire, en première ligne, puisque c'est le principe de l'indépendance, soit l'administration, soit le gouvernement de l'île, soit enfin ses arts et son commerce. Rien ne lui échappe, il voit tout à la lumière de son génie et d'un patriotisme ardent.

Ce patriotisme faillit même nuire à son début dans la carrière des armes. Le gouverneur fut obligé de le faire venir en sa présence et de le chapitrer, en lui rappelant : « qu'élève du roi, il devait s'en souvenir davantage, et modérer son amour pour la Corse, qui, après tout, faisait partie de la France ». Le gouverneur ne

se borna pas là. Les élèves étaient tenus
de se confesser une fois chaque mois. Napoléon remplit ce devoir jusqu'à sa sortie
de l'École Militaire; mais, dans le dernier
mois, il sacrifia son confesseur à un dissentiment politique, au sujet de la Corse.
Ce confesseur était savant géographe, et
sous ce rapport plaisait à Napoléon, qui
aimait à causer avec lui, et allait souvent
le consulter. On croit que cet ecclésiastique reçut l'avis, du gouverneur de l'École,
de calmer la fièvre patriotique de son péni-
tent; ou peut-être l'essayait-il par amitié
pour un jeune homme à qui son exaltation
pouvait nuire dans l'esprit de ses chefs, et
compromettre son avancement. Quoi qu'il en
soit, un jour que le confesseur lui parlait
dans le confessionnal, avec une insistance
particulière, sur ce chapitre, Napoléon, au
lieu de se rendre, résista jusqu'à l'impatience
et à l'emportement; bientôt sa voix prit un

diapason qui ne convenait ni au lieu dans lequel il se trouvait, ni au caractère de la personne qui lui parlait : bref, il s'échappa du confessionnal, en s'écriant : « qu'après tout, il ne venait pas là pour parler de la Corse, et qu'un prêtre n'avait pas de mission, ni de parole de Dieu, sur cet article-là. » Il prononça si haut ces dernières paroles, que ses camarades, qui étaient dans l'église, et dont l'attention avait été éveillée par la vivacité du dialogue des deux interlocuteurs, purent les entendre... Hélas ! ce jour-là, peut-être, Napoléon quitta-t-il la confession pour ne plus la retrouver qu'à Sainte-Hélène. Ce jour-là, peut-être, l'amour de la patrie terrestre lui fit sacrifier l'amour de la patrie céleste. Le chrétien s'effaça pour ne plus laisser paraître que l'homme politique : c'est ainsi que le jeune homme, qui ferme aujourd'hui l'oreille aux admonitions amicales de l'aumônier de l'École, et

qui se met au dessus de l'humble prêtre,
devenu empereur, préoccupé de ses desseins ambitieux , fermera l'oreille à la voix
amie du vicaire de Jésus-Christ; il réduira
une question de conscience, comme celle de
la légitimité de la propriété la plus ancienne et la mieux établie (je veux parler
de la souveraineté temporelle du pape à
Rome), il la réduira à une misérable question
d'intérêt secondaire , de stratégie militaire,
ou de convenance de territoire, en s'emparant
non seulement de Rome, dans un accès de
colère, mais encore de la personne du pape
Pie VII. Non, l'aumônier de l'École Militaire n'avait pas de parole de Dieu sur l'article de la Corse; mais Napoléon, qui n'en
avait pas davantage, devait-il en croire son
propre jugement, mieux que le conseil d'ami
d'un vieillard revêtu d'un caractère sacré ?

Si Napoléon eût écouté ces deux hommes,

13.

l'aumônier de l'École Militaire et le pape
Pie VII, j'ose dire que tous ses ennemis
acharnés auraient été impuissants pour lui
nuire. De quelles lumières, de quelle expérience, de quelle prospérité, de quelle force,
s'est-il privé, en ne reconnaissant pas la pa-
ternité de ce père spirituel, aussi nécessaire
à la naissance et au développement de l'âme,
que le père naturel est nécessaire à la formation et à la croissance du corps? Dieu n'a
pas dit à l'homme : « Quand tu seras seul, je
serai avec toi » ; mais il lui a dit : « Quand
vous serez deux ou trois assemblés en mon
nom, je serai au milieu de vous » : parole
admirable, tombée de la bouche de Dieu,
pour être, dans la suite des siècles, une des
pierres fondamentales, le germe fécond de
son Église, et des sociétés diverses et mul-
tiples qui se sont formées et qui se formeront
dans son sein pour l'embellir et la fortifier. La
première de ces sociétés, qui donne naissance

aux autres, c'est celle de la famille ; la seconde, c'est celle de la religion, qui commence au saint baptème, où le prêtre nous unit à lui par une union filiale, en nous faisant enfants de Dieu et de l'Église. Heureux le chrétien qui respecte également ces deux sociétés ! qui ne se sépare jamais de ces deux chefs , l'un dans l'ordre du temps, l'autre dans celui de l'éternité ; le père, qui engendre l'homme, son fils, dans les ténèbres du péché originel ; le prêtre, qui engendre l'homme, son fils, dans la lumière de la grâce : deux guides consacrés, tous les deux donnés par Dieu, investis tous les deux de son autorité. Le chrétien, sous leur égide, ne peut errer ; son bonheur (s'il en est dans ce monde) sera la récompense de sa docilité, et son salut éternel est infaillible. Les confidences du confessionnal sont l'unique voie de la communication de la créature avec son créateur. C'est une autre échelle mystique de Jacob, par laquelle nous montons à Dieu, par laquelle Dieu descend à nous.

Le monde, qui conçoit à merveille les autres apprentissages, l'échelle des autres supériorités, les exigences des autres disciplines, plus absolues et autrement incommodes et minutieuses que celles de la religion, mais qui sont des conditions rigoureuses de l'ordre matériel, telles que la hiérarchie et le joug de l'enseignement des lettres, des sciences, des arts et des métiers, le joug de fer de la discipline militaire; le monde, qui comprend la nécessité d'une obéissance presque aveugle aux notaires, aux agents de change, aux médecins, et les confidences à ces confesseurs qui disposent de la santé du corps et de l'esprit, qui sont à peu près les maîtres de nos fortunes, de notre santé, de notre liberté, enfin de notre existence temporelle, le monde ne conçoit pas que la

religion ait aussi sa hiérarchie, sa discipline et ses exigences, ses confidences à un
maître, à un guide consacré : dans toutes
les carrières, nous rencontrons des devoirs,
des charges, des chaînes, des assujettisse-
ments, des supérieurs, et nous les acceptons
sans murmure : pourquoi donc n'accep-
tons-nous pas également, et ne contestons-
nous, au contraire, que ceux de la religion !

Tel fut le sophisme qui décida Napoléon
à renoncer à ses habitudes religieuses,
au serment de son baptême et de sa première communion, pour devenir bientôt
l'adepte momentané, le sectateur de la
philosophie du xviiie siècle. Le motif
frivole de ce dissentiment politique avec
son confesseur, pour une détermination si
grave, n'était, comme c'est trop ordinaire,
qu'un prétexte invoqué par les passions,

et par un cœur impétueux, jaloux de s'e
manciper du joug austère de la religion.
N'est-ce pas là l'histoire de la plupart des
jeunes gens? Elevés dans la foi, nous faisons
pendant quelque temps des efforts pour ac-
complir ses préceptes et nous ployer à son
joug; mais nos rechutes nous inspirent une
humeur secrète contre une loi si parfaite,
au lieu de nous inspirer le sentiment de
notre corruption, sentiment sauveur qui
conduit à la foi, où personne n'est jamais
arrivé que par la voie de l'humilité. Alors,
sous l'influence de cette humeur secrète,
s'abandonnant à l'orgueil, le jeune homme
ose faire des objections contre la religion;
sous le prétexte le plus frivole, on le voit
s'éloigner de ses autels et de sa pratique, et
quelquefois se ranger insolemment parmi
ses ennemis.

CHAPITRE VIII.

SOMMAIRE.

—

Influence des philosophes sur l'esprit de Napoléon. — Coup
d'œil à ce sujet rétrospectif. — Résumé des idées philoso-
phiques et révolutionnaires. — Tous les états catholiques li-
gués contre les jésuites. — Leur expulsion générale en 1762.
Catherine II et Frédéric II seuls amis des Jésuites. — De
l'éducation en France après leur expulsion. — L'île de Corse
infectée du levain philosophique. — Lettres de J.-J. Rousseau à Paoli, chef de l'île, et réponse de Paoli. — Charle
Bonaparte philosophe et poète licencieux. — De l'influence
de cet état de choses sur l'enfance de Napoléon. — Historique
de l'île de Corse. — Lutte héroïque et oppression des Corses
par la France. — Dieu vengera la Corse. — Une femme
corse va donner naissance au futur maître de la France. —
Il vient au monde le jour de l'Assomption. — Un prêtre,
l'archidiacre Lucien et une Italienne dévote veillent sur son
enfance. — Les premiers spectacles qu'on offre à sa vue sont
les cérémonies d'une cathédrale. — Offert à Dieu par l'archidiacre. — Ces saintes influences combattues par d'autres
influences. — Déclaration de Bonaparte à Sainte-Hélène, au
sujet de la foi de son enfance — Importance de cette déclaration consignée par M. de Las Cases. — Retour sur sa première communion, — Excellence de celle de Napoléon.

14

VIII.

Acceptez de bon cœur tout ce qui vous arrivera ; demeurez en paix, dans votre douleur... Les hommes que Dieu veut recevoir au nombre des siens s'éprouvent par l'humiliation.

Ecclésiastique, ch. ii, v. 4 et 5.

Sans devancer l'époque de la révolution, où nous touchons déjà, pour éclaircir des difficultés, des invraisemblances, des contradictions qui vont se rencontrer dans la vie de notre héros, il nous faut retourner en arrière, pour compléter et expliquer l'influence des philosophes sur son esprit; influence qu'on n'aura pas de peine à concevoir sur un jeune homme, puisque les rois avec leurs soldats, leurs magistrats, et même leurs courtisans, non seulement la subissaient, mais n'étaient que de vils esclaves de ces nouveaux tyrans, qui, sapant les bases de toute puissance, se vantaient de n'en reconnaître d'autre que celle de leur pensée hypocrite et orgueilleuse. Jusque là, la foi vive en Dieu faisait dériver de sa volonté révélée, non seulement la religion, mais encore les principes constitutifs des lois et de l'ordre social, et regardait les princes comme ses envoyés et ses représentants. Alors on raye Dieu de la société avec la foi; et l'on proclame que toute vérité émane de la raison, comme tout pouvoir émane du peuple; le droit divin de l'Église et de son institution fut implicitement

nié par un système qui ébranle toutes les vérités de l'ordre moral, en les soumettant au
jugement arbitraire des individus, et ne re-
connaît dans la politique d'autre vérité que
celle du scrutin et des majorités, ou d'un
prétendu droit naturel, qui n'est autre que
l'athéisme. La révolution française, fille de
ce système, n'est pas, à proprement parler,
une révolution politique, ou du moins elle
n'a pour but qu'accidentellement de modi-
fier ou de créer des formes politiques; sa
pensée principale, c'est l'orgueil d'établir
une législation, une société, indépendante
de toute idée religieuse, et qui ne relève absolument que de la pure raison. Or, je ne
crains pas d'affirmer que jamais aussi pro-
digieuse folie ne s'est encore présentée dans
le monde. La révolution, poursuivant ce but,
est logiquement arrivée de prime abord à
l'athéisme, comme à son principe fonda-
mental; elle invoqua l'impiété, elle invoqua

l'enfer, elle en eut besoin pour tant de crimes.... [1] Il est curieux qu'elle ait massacré Robespierre, son idole, le jour où celui-ci osa parler de religion et se déclarer croyant, en relevant la bannière du déisme, comme pour proclamer à la face du monde que jusque là l'athéisme régnait bien sur ce malheureux pays. Mais, comme une force qui ignore l'énergie et le degré de sa puissance, elle avait dépassé son but en l'atteignant : en effet, il suffit à ce système d'être athée

[1] Dans mon opinion, la révolution est *l'œuvre de l'enfer*, et il n'y a rien, absolument rien, de bon dans elle : car, telle qu'elle a été définie par ses principaux chefs, elle est, disent-ils, l'anéantissement de tout ce qui faisait obstacle à son esprit. Or, comme il n'y a pas un honnête homme qui admette qu'on puisse faire le plus petit mal pour procurer le plus grand bien, j'en conclus que la révolution est un principe infernal. Tout ce qui s'est fait alors de bon et d'utile n'appartient pas aux révolutionnaires, mais aux honnêtes gens, et le mot révolutionnaire doit demeurer le synonyme de tous les forfaits qui ont souillé cette époque exécrable, dont un honnête homme ne doit jamais parler qu'avec un sentiment d'effroi et d'horreur.

lui-même et de régner ; il n'en veut pas plus
pour le moment. C'est au temps de faire le
reste, au temps qui persuade mieux à la longue que la guillotine. Une loi athée, régissant
la société, doit à la longue transformer la société dans le sens de son principe suprême.
MM. Michelet et Quinet, qui ont plus d'imagination que de raison, s'étonnent de la len-
teur de cette transformation. C'est qu'étant,
l'un et l'autre, des hommes de talent, des
coloristes et non des penseurs, la profondeur de leur principe leur échappe, quoiqu'ils
en soient du reste de zélés serviteurs.

La France, en 1762, était unie déjà et
identifiée, dans ses hommes d'état, avec ce
système. Elle en occupait alors la cime ; mais
nul ne voyait encore la pente effrayante sur
laquelle bientôt nous allions glisser tous,
emportés dans un précipice où l'état et la
religion devaient s'abîmer. Liguée avec les

autres cours catholiques de l'Europe, et complice des philosophes, elle avait expulsé du royaume les jésuites. Ils n'avaient trouvé de retraite contre une persécution universelle que dans les états d'un prince protestant, le roi de Prusse, Frédéric II, et d'une princesse schismatique, l'impératrice Catherine de Russie, tous deux philosophes, et par là pouvant mieux apprécier la mauvaise foi et les tendances du parti. En Portugal, en Espagne et à Naples, dans la Lombardie, en France, dans toutes les cours catholiques, les philosophes avaient l'oreille des princes, dont ils avaient été les précepteurs, dont ils étaient les ministres; et la petite île de Corse n'avait point échappé à la fièvre de cette contagion. M. de Butta-Fuoco, aide-major au régiment royal-corse, au service de la France, écrivait à **J.-J.** Rousseau, l'année 1764, le 31 août, une lettre où nous lisons les lignes suivantes :

« Vous avez fait mention des Corses, dans votre *Contrat social*, d'une façon bien avantageuse pour eux. Un pareil éloge, lorsqu'il part d'une plume aussi sincère que la vôtre, est très propre à exciter l'émulation et le desir de mieux faire. Il a fait souhaiter à la nation que vous voulussiez être cet homme sage, qui pourrait trouver les moyens de conserver cette liberté qui lui a coûté tant de sang. Nous avons besoin d'un modèle de constitution : à qui nous adresser qui soit plus en état que l'auteur du *Contrat social* de nous satisfaire ? Qu'il serait cruel de ne pas profiter de l'heureuse circonstance où se trouve la Corse pour se donner le gouvernement le plus conforme à l'humanité et à la raison, le gouvernement le plus propre à fixer dans cette île la vraie liberté ! Notre île, comme vous le dites très bien, est capable de recevoir une bonne législation ; mais il faut un bon législateur,

et il faut que ce législateur ait vos principes ; que son bonheur soit indépendant du
nôtre, qu'il connaisse à fond la nature humaine, et que, dans le progrès des temps,
se ménageant une gloire éloignée, il veuille
travailler dans un siècle, et jouir dans un
autre. Daignez, Monsieur, être cet homme-
là, et coopérer au bonheur de toute une
nation, en traçant le plan du système politique qu'elle doit adopter. »

Le 15 octobre 1764, J.-J. Rousseau, malade, poursuivi, condamné par le conseil
de Genève, comme il l'avait été par le parlement de Paris, demande l'hospitalité à
Paoli, qui, le mois suivant, adresse une
réponse favorable au banni. Il faut lire la
lettre de Paoli, et toute cette correspon-
dance, pour avoir une idée juste de l'en-
gouement des chefs de l'île pour le patriar-
che de la philosophie du droit naturel ; et

cependant Paoli et ses braves Corses
étaient catholiques, et de fervents catholiques; mais qu'on n'oublie pas que l'austère et véridique Rousseau, avec cet esprit de ruse et d'hypocrisie profonde, qui
est le propre des ennemis de la vérité, osait
affirmer *qu'il était chrétien, meilleur chrétien
que M. de Beaumont, archevêque de Paris.* Il
osait écrire des pages éloquentes en faveur de la divinité du Christ, avec la même
plume qui avait nié cette première vérité,
l'origine et le fondement de tout le christianisme. C'était ainsi qu'il gagnait tous
les suffrages, corrompant les cœurs avec
son roman de *la Nouvelle Héloïse*, et per-
vertissant les esprits avec l'idéologie du
Contrat social, et de la *Profession de foi du
Vicaire savoyard.* Paoli et ses compatriotes,
en s'attachant un tel homme, avaient du
moins une excuse : Rousseau était pour eux
une arme de guerre, une dernière res-

source, à l'aide de laquelle ils nourrissaient l'espoir chimérique d'éveiller des sympathies, et peut-être de ressusciter leur nationalité mourante, par la vertu magique d'une constitution modelée sur les idées fraîchement écloses du cerveau d'un philosophe, l'idole et le scandale de son siècle.

Le père de Napoléon n'avait pas su se défendre des illusions du jour et de l'idolâtrie générale. C'est son fils lui-même, c'est Napoléon qui nous l'apprend dans le *Mémorial* de M. de Las Cases.

Ces prémisses posées, dont nous avions besoin, avant de quitter l'écolier, qu'on nous permette d'interroger, avec la lumière d'un esprit chrétien, l'emblème de ce faisceau mystérieux des diverses influences, que dut subir l'esprit de Napoléon, depuis les croyances du berceau et l'éducation chrétienne du foyer domestique, jusqu'aux erreurs de J.-J. Rousseau ; jusqu'aux idées du siècle, inoculées à son fils par un père qui en avait sucé, et qui, à son insu, en propageait le poison. Les travaux scolastiques, aussi bien que les vagissements de l'enfant, sont obscurs et méprisés : ainsi le veut l'orgueil imbécille de l'homme ; cependant la saillie du profil gigantesque de Saint-Pierre de Rome n'est-elle pas enfouie et empreinte dans les fondations profondes qui soutiennent ce géant de l'architecture ? Si le chêne aux vastes rameaux est contenu tout entier dans le gland, de même les humbles, obscurs et ignorés commencements d'Ajaccio, de Brienne, de l'École Militaire, peuvent aussi contenir et prophétiser la saillie et les splendeurs du profil napoléonien. Si l'astronome, des hauteurs de son observatoire, armé du télescope, dans le silence des nuits, nous émeut et nous intéresse, en baptisant, du nom de comète, un point lumineux, à peine visible aux limites les plus reculées de l'horizon infini ; de même l'historien qui médite, reconnaissant, de loin, l'astre du génie, qui se lève pour éclairer le monde, peut nommer héros l'enfant destiné à le devenir, et qui est encore caché dans l'obscurité de son germe.

O Dieu, qui le fîtes pour vous, que vous êtes merveilleux dans l'arrangement et l'exécution de vos desseins ! Avec quel artifice vous avez préparé les voies de ce moderne Cyrus ! Pour en faire ressortir et briller la merveille, il n'est besoin que d'exposer les faits.

En vue des côtes de la France, voici l'île de Corse : si les lieux ont leur noblesse, leur moralité, comme les individus, rien de plus noble et de plus moral que l'île de Corse. Son antique origine, mentionnée par le père de l'histoire profane, remonte et se perd dans la nuit des temps fabuleux : ses noms furent successivement ceux des héros et des princes grecs qui l'habitèrent, et des peuples les plus illustres qui y firent successivement des établissements, tels que les Carthaginois, les Étrusques, pères des Romains, et les Romains eux-mêmes. Tite-Live les nomme après Hérodote, et les appelle un peuple indompté, tellement impropre à la servitude, que le suicide leur paraît préférable, comme le dernier refuge de la liberté ! Aussi leur histoire n'est-elle, à travers les siècles, qu'une suite de guerres, une lutte acharnée et perpétuelle pour l'indépendance ! Ils soutinrent cette lutte contre les Grecs, les Carthaginois, les Romains, et, dans les temps modernes, contre les Turcs, les Maures, contre Venise, Gênes, et enfin contre la

France. Ces peuples divers purent momentanément les vaincre, sans parvenir jamais à les asservir; et, sous ce rapport, les Corses sont les dignes frères de ces Francs belliqueux, auxquels Napoléon aura la gloire de les unir et de les identifier, pour ne faire plus qu'un seul peuple, une même nation. Ile petite par son étendue, la Corse est illustre par son courage et ses vertus. Voyez sa population, fière et sobre, pieuse et catholique, l'épée à la main, depuis des siècles, pour maintenir son indépendance, avec un titre de royaume, souvenir de l'histoire et de la tradition, gardé par l'orgueil national. Républicains par nature, les Corses n'ont pas de roi; mais le trône chez eux est occupé par la Mère de Dieu : Marie est leur reine, reine couronnée par eux, avec toutes les cérémonies du sacre, dans une de ses images, qui a reçu de l'amour de ses sujets tous les insignes et les attributs de la royauté. Enfin,

une dernière fois , le sol sacré de l'île fut
purgé des Génois, qui prétendaient s'arroger
un droit de suzeraineté sur l'île : Triomphe
fallacieux ! Gênes, vaincue et lasse de ses dé-
faites et de ses efforts impuissants, Gênes,
digne émule d'Albion , sous le voile d'une
médiation qui cache la trahison d'un marché honteux , vend ses prétendus droits sur
la Corse à la France ; elle les vend, tout juste,
les quelques millions de francs, dont elle a
obéré ses finances , dans sa lutte avec la
Corse. En vain la conscience de Louis XV,
qui doit accepter plus tard l'inique partage
de la Pologne, s'inquiète et s'alarme de la
responsabilité de cette première iniquité,
et refuse même de la sanctionner. Son ministre Choiseul, qui ne connaît d'autre droit
que la force , d'autre loi que l'intérêt , se
rit des scrupules du voluptueux monarque,
les élude, et lui arrache sa signature. L'acte
est consommé ; on le signifie au gouver-

nement corse, qui avait alors pour chef
Paoli, le premier culte et le premier maître
de Napoléon, Paoli l'imitateur par ses vertus
des héros de Plutarque, Paoli dont toutes
les actions sont empreintes de sagesse, de
religion et de désintéressement. Il réunit ses
compatriotes, et leur communique le sinistre message. Un cri d'horreur et de surprise s'élève du sein de l'assemblée. Tous
n'ont qu'un sentiment, qu'une seule réponse : *La liberté, ou la mort !*

Le père de Napoléon, Charle Bonaparte,
s'écrie : « Si, pour être libre, il ne s'a-
gissait que de le vouloir, tous les peuples
le seraient ; cependant l'histoire nous apprend que peu sont arrivés au bienfait de
la liberté, parce que peu ont eu l'é-
nergie et les vertus nécessaires. » Ces brè-
ves paroles enflamment tous les esprits.
En vain Paoli fait l'énumération des forces

dont dispose la France, et leur retrace, par
avance, un tableau fidèle des maux qui vont
avec le nouvel ennemi fondre sur eux ;
tous persistent dans leur noble résolution
de vaincre ou de mourir, que Paoli lui-même
embrasse, comme la seule qui soit digne de
lui et de ceux qu'il est fier de commander.

De nouveau on invoque la Vierge ; on se
met sous sa protection, qu'on implore ; et,
dans une fête solennelle, lui posant la couronne sur la tête, prêtres, citoyens et soldats, la déclarent la reine de l'île, et jurent
tous de mourir pour leur souveraine. Les
Français sont débarqués. On court aux
armes pour les recevoir. Le signal du combat est celui d'une lutte héroïque ; la première armée envoyée par la France est
vaincue, réduite à l'impuissance. Un cri
d'admiration retentit dans toute l'Europe.
Tous les vœux, ceux de la France même,

sont pour cette poignée de braves, dont la valeur ne peut, hélas ! que retarder d'un moment la défaite. Ils sont accablés sous le nombre, et le petit royaume demeure inféodé au grand royaume.

Tout est fini, pensez-vous, et la force a encore insolemment triomphé du droit ? non. L'humiliation pour les justes est le chemin de la gloire... Non, tant de courage aura sa récompense. Dieu, à qui les nations appartiennent, et qui, seul, décide de la vie. de la mort et du destin des empires, comme du destin des individus, Dieu a besoin d'un sang généreux pour régénérer le sang avili, corrompu des Français, en proie à un libertinage infâme. Il faut qu'une verge de fer se promène et s'appesantisse sur cette nation, et la délivre, par l'obéissance. du joug honteux des sophistes et des rhéteurs ; il faut que l'action d'une volonté

ardente comme le feu la purifie des souillures que lui ont imprimées au front les
saturnales impures du régent, et les galan-
teries désordonnées de Louis XV.

Voyez-vous cette femme à cheval, qui suit
les opérations de la guerre, qui lutte avec cette
poignée de braves? c'est Létizia Ramolini,
qui porte, dans son sein, le germe provi-
dentiel, le secret de la justice de Dieu. Le
nom corse n'a péri, un moment, que pour
ressusciter plus glorieux, et pour s'envi-
ronner, dans la postérité, d'une auréole immortelle que Dieu veut décerner à ses
vertus, à sa persévérance. La Corse, vaincue et dominée aujourd'hui par la France,
va la vaincre et la dominer demain; et la
justice de Dieu s'exercera à son tour, et se
justifiera elle-même. C'est le nombre,
c'est la force brutale, qui ont assujetti la
Corse; c'est un seul, c'est l'intelligence

qui assujettiront la France au génie corse : car Létizia va donner naissance au vengeur de son pays, à celui qui en élèvera la gloire et le nom jusqu'aux astres, à celui qui sera le maître de la France, le restaurateur du culte de la Vierge, le conquérant de toutes les capitales.

Il vient au monde *le jour de la fête de l'Assomption, le jour du vœu de Louis XIII, le 15 août*. Son héroïque mère lui transmet, avec la vie, un sang qui est digne d'un trône. C'est un prêtre, l'archidiacre d'Ajaccio, l'abbé Lucien Bonaparte, oncle de l'enfant roi, qui veillera sur lui, partageant, avec une femme forte, les soins de la première éducation, qui décide de toute la vie. Quand son père, brave comme un gentil-homme, mais, comme tel aussi, léger dans ses mœurs, voudra se mêler, intervenir dans cette éducation, Létizia en prendra de l'ombrage : « Laissez, dit-elle, ce n'est pas votre affaire; c'est à nous de l'élever. » (Paroles de l'empereur, extraites du *Mémorial.*)

Aucune folle caresse, aucune vaine puérilité n'ont terni le visage impérial; l'enfant grandit à cette école, isolé de tout contact impur ou vicieux, et ne recevant de tout ce qui l'entourait que des impressions utiles, honnêtes et saintes. Ses premiers jeux furent le spectacle éblouissant des cérémonies majestueuses d'une cathédrale. Ses yeux, à peine ouverts, apercevaient tous les signes de la rédemption, la croix, l'encensoir, le saint ciboire, la patène, le calice et l'ostensoire, les ornements sacerdotaux, les cierges de l'autel, tous les vases sacrés, dont l'éclat se déployait devant son regard enfantin, avec le même mystère et la même éloquence qu'il contempla plus tard la fixité pénétrante des astres du firmament.

Parmi la pompe sacrée, parmi les flots
d'encens, il admirait l'archidiacre, son oncle, environné de respects et de génu-
flexions, offrant à Dieu la victime sainte.
Si l'impie ne résiste que par la fuite à la
beauté, à l'attrait sympathique des objets
divins, quel empire ne doivent-ils pas exercer sur la rétine de l'œil innocent et pur d'un
corps virginal, lavé tout à l'heure dans
l'eau lustrale du saint Baptême? Souvent le
vénérable prêtre le prit dans ses bras, et,
l'élevant vers le ciel, il le dédiait au Dieu
des armées, avec ce même cœur, ce même
accent, ces mêmes mains, qui tout à l'heure
avaient consacré la sainte hostie : « Seigneur, disait-il, dont les idées sont justes
et la volonté adorable, vous n'avez pas
voulu laisser à cet enfant une patrie indépendante; ah! du moins ne le privez ni de
la foi, ni du courage de ses pères; et qu'il
honore la France, sa nouvelle patrie, comme

jadis ils honorèrent et servirent la Corse. »
Et l'homme de Dieu, maniant ce corps dé-
licat, y imprimait les idées, les émotions,
comme la substance ou du moins le ves-
tige des divines espèces elles-mêmes, dont
les mains, les lèvres, la poitrine d'un prêtre
catholique sont teintes, saturées et toutes
remplies.

Ce n'est là ni de la poésie, ni de la fiction ;
c'est la vérité des faits eux-mêmes. Il faut remonter jusque là, si l'on veut marquer, avec
certitude, l'origine des principes religieux
et des croyances morales de Napoléon : car
on ne secoue jamais l'ascendant d'une mère
pieuse et d'une éducation chrétienne.

De même, il faut remonter jusqu'à la lettre
de Paoli à J. J. Rousseau, jusqu'aux idées
républicaines qui, étant l'esprit public de la
Corse, s'exaltèrent d'abord par l'occupa-

tion française, ensuite par la convocation de l'assemblée des notables, et les événements postérieurs de la révolution française ; enfin il faut s'arrêter aux opinions du père de Napoléon, député de la noblesse de Corse à Versailles, plus ami des philosophes, plus homme du siècle que chrétien, pour connaître ce qui plus tard vint comprimer le développement, mais non détruire les premières semences de la foi recueillies à Ajaccio, à Brienne et à l'École Militaire, et ce qui l'entraîna d'abord dans le parti des philosophes, et ensuite, par la pente de leurs systèmes, dans le torrent de la Révolution.

Bonaparte le déclare à Sainte-Hélène : « Telle a été, pour mon compte et à la lettre, la marche de mon esprit ; j'ai eu besoin de croire, j'ai cru, dit-il. » Ceci est extrait mot à mot du *Mémorial* de M. de Las-Cases.

Évidemment, Napoléon parle ici de cette apparition de Dieu dans l'âme de l'enfant, de ce qui se passe en nous quand la religion vient nous en prononcer, nous en définir le nom et les attributs, et nous initier à ses mystères. C'est une réminiscence suave de l'âge innocent et pur de la première communion, des émotions de son cœur et des sentiments d'amour et d'union intime qu'il conçut alors pour son Dieu. Ces émotions, ces sentiments ne sont pas les mêmes chez tous : car il est des différences qui résultent du naturel, de la foi, du caractère et des dispositions de chacun, des traditions aussi, des occupations et des manières de penser des diverses familles. Napoléon fut favorisé de ce côté-là : A Brienne, aucune mauvaise lecture n'avait encore altéré la pureté des enseignements maternels et religieux ; au contraire, dans cette sainte maison, tout les avait fortifiés.

La religion y régnait en souveraine, et tous les exercices de l'École se commençaient et s'achevaient, avec des prières, en invoquant Dieu. Les religieux Minimes frappaient les yeux des écoliers par l'exemple constant des premières vertus du christianisme, l'humilité, la mortification, qui accompagnent toujours la vraie foi ; de plus, Napoléon n'était pas de ces enfants hébétés et paresseux, qui font une action aussi importante que la première communion sans en comprendre la gravité, ou en ne la comprenant qu'à demi. Ces paroles de Napoléon « *j'ai eu besoin de croire, j'ai cru* », sont une déclaration qu'il ne faut pas entendre dans un sens vulgaire. Si l'âge de la première communion, est celui de l'épanouissement du cœur et du développement de la raison, quelle ne devait pas être la maturité d'un enfant dont Paoli disait : « *Bonaparte, tu n'as rien d'une jeunesse ordinaire; tu es un homme de Plutarque.* » Non, Bonaparte ne se borna pas à apprendre, avec toute la perfection d'un enfant intelligent, son catéchisme. Le lecteur en a eu les preuves les plus irrécusables sous les yeux, en lisant les lettres qu'il écrivit, à cette époque, à son oncle le cardinal Fesch. Il n'apporta pas, seulement, à ce grand acte de la vie, l'innocence et la candeur de son âge, mais quelque chose de plus, les qualités d'un esprit supérieur et les vertus d'une âme magnanime, une volonté forte, qui renonçait au monde, en le foulant sous ses pieds, un cœur embrâsé d'un seul amour, celui du bien par excellence.

Ah ! si mon âme, une âme aussi misérable que la mienne, aussi pauvre, aussi dénuée de toute cette puissance, de toute cette fécondité, de toute cette flamme d'un grand génie, qui resplendissaient dans celle de Napoléon, fut ravie, par delà tous les mondes créés, dans les hauteurs silencieuses du céleste firmament, loin de tout ce qui n'était pas l'infini, la vertu, la sainteté, le jour où j'eus le bonheur de manger la chair adorable du fils de la Vierge, je laisse à penser quelle fut l'élévation où parvint Napoléon! Je le dis hardiment : son esprit, véritable aigle impériale, conçut alors ce fier mépris des choses basses qui, depuis, le préserva toujours d'une bassesse ; et, traversant l'espace des passions communes et des ambitions vulgaires, il arriva jusqu'à la vue des lois fixes et des principes immuables ; enfin, il entrevit les anges de Dieu, il en admira avec étonnement la beauté. Eclairé par le sacrifice de ses passions, amoureux du bien, purifié par les sacrements, il pénétra certainement l'immense profondeur du dogme catholique, il en sentit la vérité. Quand il ouvrit la bouche, quand il

prit l'aliment divin, il connut, par une in-
tuition parfaite, que cette viande sacrée, qui
nourrissait l'âme humaine, depuis 1800
ans, d'une doctrine si pure et immuable,
était et ne pouvait être que le vrai corps, le
vrai sang, la véritable âme et la vraie divinité de l'auteur de l'Evangile, de la seconde
personne de la sainte Trinité, que Dieu lui-
même ; alors, humblement prosterné, il ren-
ferma le secret de la foi dans le tabernacle
de son cœur, d'où rien ne pourrait l'effacer
ou l'arracher. Il crut à l'Evangile, et jura
de ne servir, de ne connaitre jamais un
autre culte, un autre Dieu que le culte et le
Dieu catholiques.

Qu'on me pardonne d'insister, ce sont
les bases de notre conception. Poursuivons
donc... Dans la vie d'un homme public tout
appartient à la publicité : ne laissons donc
rien dans le secret. Il faut nier les racines,

le germe de l'existence de Napoléon, et ce qu'il y a de plus essentiel et de plus positif dans son histoire, pour nier ce que nous venons d'écrire.

CHAPITRE IX.

SOMMAIRE.

—

Lecture de J. J. Rousseau. — Ébranlement dans la foi produit par cette lecture. — Aveu de Napoléon, bien important, fait à Sainte-Hélène, *qu'il y avait de sa faute* dans ses doutes sur la foi. — Il doute, mais il ne nie pas. — Grave événement qui le retient sur l'abîme de l'impiété. — Maladie et mort de son père à Montpellier. — Conversion éclatante de Charle Bonaparte à son lit de mort. — Rétractation solennelle de ses erreurs. — Envoi de cette rétractation écrite et circonstanciée aux divers membres de sa famille. — Joseph, présent à cette mort, en écrit le récit à Napoléon. — Napoléon en reçoit la nouvelle la veille de sa confirmation. — Bonaparte déclare à Sainte-Hélène, à M. de Las-Cases, que cette circonstance fit sur lui une grave impression. — Réflexions d'un bon fils dans une telle circonstance. — Lettre de Napoléon à son grand-oncle. — Lettre à sa mère. — Madame Létizia. — Napoléon reçoit le sacrement de confirmation, précédé de celui de la sainte Eucharistie, sous l'influence mystérieuse de ce fatal événement. — L'archidiacre est nommé son tuteur. — Lettre au père Berton, sous-principal à Brienne. — Critique de l'éducation trop splendide de l'École Militaire. — Dernier mot de l'écolier à ses maîtres. — Résumé.

IX.

La confirmation est un sacrement, que nous donne le Saint-Esprit et l'abondance de ses grâces, pour nous rendre parfaits chrétiens, et pour nous faire confesser la foi de Jésus-Christ même au péril de notre vie.

CATÉCHISME.

Après cette apologie nécessaire, nous confesserons, avec la même franchise, qu'à l'École Militaire, la lecture de J.-J. Rousseau, qui tomba dans les mains de Napoléon, produisit une sorte de révolution dans ses idées, et de l'ébranlement dans sa foi. Faut-il s'en étonner de la part du sophiste qui a écrit, dans la préface de son roman, « que la jeune fille qui osera en lire une seule page est une fille perdue », et qui ne dit pas que la même perdition menace le malheureux jeune homme qui imitera l'audace de la jeune fille. Oui, c'est encore Napoléon qui nous l'apprend : *Ma croyance*, dit-il, *s'est trouvée heurtée, incertaine, dès que j'ai su, dès que j'ai raisonné ; et cela m'est arrivé d'aussi bonne heure qu'à quatorze ans.* Nous citons ses paroles textuelles, extraites du *Mémorial.* Avec qui donc voulait-il raisonner ? Est-ce avec le Dieu des mystères ? quelle présomption ! — ou avec le Dieu des vertus ? question terrible du tribunal éternel. Et il ajoute : « PEUT-ÊTRE Y AVAIT-IL DE MA FAUTE ! peut-être croirai-je de nouveau aveuglément ! Dieu le veuille ! je n'y résiste assurément pas ; je ne demande pas mieux. Je conçois que ce doit être un grand et vrai

bonheur. Le sentiment religieux est si con-
solant, que c'est un bienfait du ciel que de le
posséder. De quelles ressources ne nous
serait-il pas ici ? Quelle puissance pourraient
avoir sur moi les hommes et les choses, si,
prenant en vue de Dieu mes revers et mes
peines, j'en attendais le bonheur futur pour
récompense ! » Ceci est encore extrait littéralement du *Mémorial*. Quel langage ! comme
on sent battre le cœur du chrétien sous toutes
ses phrases [1].

---

[1] *Je prie le lecteur de réfléchir que l'auteur du *Mémorial*
est un libéral, qui écrit dans les intérêts de son parti, un homme
qui, sorti de Sainte-Hélène avec un petit manuscrit pouvant à
peine former la matière d'un volume, a trouvé le secret d'en tirer
dix volumes in-8, une fois rendu en Europe; M. de Las-Cases
fait contredire dix fois l'Empereur dans les mêmes questions,
disant blanc et noir, oui et non, suivant le besoin du moment.
Ainsi, Napoléon est catholique à une page, incrédule à une autre.
Voulant avoir le cœur net de toutes ces contradictions, j'écrivis
à M. de Las-Cases pour lui en manifester naïvement mon étonnement, et lui demander s'il pourrait me tirer d'embarras, en
me faisant connaître clairement l'opinion qu'il avait lui-même de

Au sujet de ce mot *raisonner*, qu'on oppose si souvent à la religion, qu'on me permette de dire que la raison et le raisonnement sont parfaitement conformes et favorables à la foi, si l'on veut les employer selon

la foi et des idées religieuses de l'Empereur. M. de **Las-Cases** me répondit « *qu'il n'avait pu arriver à aucune conviction à cet égard, et que si le* Mémorial *n'était pas plus explicite, c'est qu'il n'y avait pas eu moyen de l'être davantage* ». Je conserve précieusement cette lettre, et je me contente d'ajouter qu'elle est bien digne de l'homme qui nous raconte lui-même que Napoléon lui disait assez souvent : « *Vous êtes un benêt, mon cher Las-Cases* », ce qui voulait dire *vous êtes un honnête homme*, ajoute M. de Las-Cases. Drouot, Bertrand, Duroc étaient d'honnêtes gens ; et je ne sache pas que l'Empereur les ait jamais qualifiés de ce singulier brevet d'honnête homme, en daignant les traiter de *benêts*. Je pense de tous les lecteurs qui sont dupes des phrases libérales du *Mémorial*, jusqu'à croire l'Empereur un libéral, qu'ils sont aussi des *benêts*. Quoi qu'il en soit, il est certain que Napoléon n'a jamais voulu lire tout ce *fatras libéral ;* et quand on lui demandait ce qu'il en pensait, d'après les coups d'œil qu'il y jetait à la dérobée, un des exilés m'a raconté qu'il répondait : « *Il faut le laisser dire : c'est une trompette libérale qui amusera le monde libéral* ».

les règles d'une saine logique, et selon les lois de l'esprit. Je n'en dirai pas davantage à ce sujet, puisque Napoléon se condamne lui-même en disant : « PEUT-ÊTRE Y AVAIT-IL DE MA FAUTE ! » Et notez que cet aveu humiliant échappe à son orgueil, sur le soir de sa vie, dans la solitude de l'exil, alors qu'il commence à faire enfin le sérieux examen de conscience de l'Éternité. De plus, je prie le lecteur de remarquer que Napoléon ne dit pas qu'il ait jamais perdu la foi, mais seulement « *que sa foi s'est trouvée incertaine* ».

J'éclaircirai bientôt cet aveu remarquable, et je préciserai avec des faits, des arguments et des paroles de Napoléon lui-même, les vérités de dogme et de discipline sur lesquelles il eut de l'incertitude et de l'hésitation dans sa foi; mais je me hâte de dire que jamais, non jamais, il n'a, soit en parole, soit en action, attaqué l'essence de la doctrine chrétienne, ou quelque vérité fondamentale de la religion. L'ébranlement causé dans son esprit par la lecture de Rousseau, en altérant ses idées, était un événement tout intellectuel, qui ne se traduisit alors par aucun acte extérieur : ses mœurs, ses habitudes restèrent les mêmes; cette première crise ne les affecta nullement.

Quoi qu'il en soit, un événement bien grave, ou plutôt un coup de la grâce du Seigneur, l'arrêta dans son progrès vers l'incrédulité, et, par une vive secousse, le réveilla sur le bord de l'irréligion.

Ce fut vers cette époque que mourut le père de Napoléon, à Montpellier, où il était allé chercher les secours de la médecine contre un squirre à l'estomac. Ce fut une douleur bien sensible pour un si bon fils. Écoutons Napoléon raconter ce qui se passe en lui dans cet instant solennel : « Mon père, qui avait mené une conduite légère, et qui même avait publié quelques poésies licencieuses, ne se vit pas plus tôt aux portes du tombeau, qu'il revint à des sentiments religieux : il invoqua les prêtres; il lui fallut toutes les pratiques de la religion, et il n'y avait pas assez d'autels et de prêtres pour lui à Montpellier. *Cette circonstance fit sur moi une grave impression.* » (Extrait du *Mémorial.*)

En effet Charle Bonaparte, quelques instants avant de mourir, fit approcher ses amis, son fils aîné Joseph, l'abbé Fesch : « Mes amis, leur dit-il, d'une voix faible et entrecoupée déjà par les convulsions de l'agonie, j'ai payé la dette à mon siècle, j'ai été incrédule ! Dieu cependant ne m'a pas abandonné, et je meurs avec les espérances d'un chrétien. Mon fils, reprit-il, en regardant Joseph, qui fondait en larmes, agenouillé au pied du lit, imitez-moi dans ma foi, mais gardez-vous de m'imiter dans les erreurs de ma jeunesse. Soyez le guide de vos frères, le protecteur et l'ami de vos sœurs. Entourez votre mère, si malheureuse, des soins et des ressources que vous lui devez à tant de titres. Toi, Fesch, deviens le conseiller et le tuteur de mes pauvres enfants. J'aurais bien voulu voir mon cher petit Napoléon. Il me semble que ses embrassements auraient adouci mes derniers moments; mais Dieu ne m'a point permis de le presser sur mon cœur. Joseph, charge-toi de mon dernier baiser pour Napoléon, et redis-lui ma tendresse et mes derniers vœux. »

Charle Bonaparte avait déjà, et dès le commencement de sa maladie, en présence

de ses amis, de sa famille et des prêtres,
réparé hautement et publiquement les scandales de sa vie et de ses opinions erronées,
par une confession éclatante, pleine de sin-
cérité et d'humilité, par les remords, par
toutes les marques de la piété la plus édifiante,
comme les chrétiens de ces temps-là savaient
faire à leur mort, non moins fiers pour
mourir que pour vivre. Il avait de plus
tracé par écrit, de sa main, et signé plusieurs désaveux formels, explicites, de tout
ce qu'il avait pu dire ou faire contre la
religion, avec une profession de foi claire,
distincte, circonstanciée, sur tous les arti-
cles du *credo*, sur chaque dogme et sur
chaque mystère en particulier. Ces documents autographes existent, dans les mains
des membres de la famille de l'Empereur, qui,
sans doute les livreront un jour à la publicité.
Il les adressa, spécialement, à ceux de ses parents ou camarades de plaisir avec lesquels

il avait vécu dans l'oubli de la religion : ils s'étaient vantés mutuellement, à ce qu'il paraît, assez souvent, au milieu de leurs parties de plaisir, de leur incrédulité ; et Charle Bonaparte crut, dans ce moment suprême, qu'il devait leur écrire qu'il était de mauvaise foi en se disant incrédule ; qu'au fond, il n'avait jamais cessé de croire, et que la vanité seule et le respect humain lui faisaient parler un langage contraire à ses convictions, à sa conscience. Ces écrits, ces testaments de la mort respirent un parfum céleste de l'Éternité bienheureuse. En les lisant, on croit plutôt lire le travail d'un théologien consommé, ou la profession de foi d'un chrétien de la primitive Église, que la dernière volonté et le testament d'un gentilhomme corse [1].

---

[1] Un général français, qui tient un des premiers postes de l'armée, ayant épousé la fille d'un grand-oncle de l'Empereur, se trouve avoir recueilli dans la succession du père de sa femme un de ces testaments ; c'est lui qui m'en a donné connaissance.

On raconte que, pendant son agonie, bien que Joseph fût auprès de lui, il ne rêvait, dans son délire, que de Napoléon, comme si quelque esprit du ciel consolait une fin si pieuse en lui prophétisant l'avenir du génie guerrier de son fils; il l'appelait sans cesse pour qu'il vînt à son secours *avec sa grande épée*. Charle Bonaparte mourut le 17 février 1785.

Il avait eu la bienveillance de me promettre davantage : c'était de me confier une copie de ce document intéressant ; mais depuis le général s'est ravisé; et des motifs, que je ne puis attribuer à son zèle pour la religion, ou pour la gloire de l'empereur, lui ont fait retirer sa promesse. Il m'a prié même de ne pas le nommer. Je n'ai rien promis à ce sujet, je suis parfaitement libre ; mais, dans cette première édition au moins, je lui donnerai cette satisfaction. Les termes, d'ailleurs, dont j'ai qualifié ces testaments, savoir : *On croit lire plutôt le travail d'un théologien consommé, et la profession de foi d'un homme de la primitive église, que la dernière volonté et le testament d'un gentilhomme corse;* ces termes, dis-je, ne sont pas de moi, mais ceux mêmes dont s'est servi l'honorable général, en me dévoilant cette particularité de la mort de Charle Bonaparte.

Napoléon en reçut la nouvelle, par une lettre de Joseph, qui lui arriva à l'École Militaire : « Je vous ai tous remplacés, disait Joseph, dans ce pénible devoir. Je l'ai assisté, j'ai vu son agonie. Quelle piété ! quel cœur humilié et fidèle ! Il a montré toutes les vertus, toutes les grandeurs du chrétien ; mais surtout, quel besoin d'expiation ! Toutes les communautés, tous les autels de la ville en ont retenti, tant était vive son union avec les âmes pieuses dont il avait réclamé les prières ; il implorait tous les prêtres ; il voulait que, dans tout l'univers chrétien, on se souvînt de lui au saint sacrifice de la messe. C'est dans cet esprit, avec cette ferveur, qu'il a reçu tous les secours et les sacrements de l'Église. Il a édifié tout Montpellier. Il est mort comme un saint. En me bénissant pour vous autres absents : « Employez mieux le temps que je n'ai fait, disait-il ; vivez, et surtout mourez dans la grâce de Dieu. »

Telle était la lettre de Joseph, témoin oculaire, et dans un style approprié à la circonstance, et naturel chez un jeune homme dont la vocation avait été dirigée d'abord vers l'état ecclésiastique. Cette conversion d'un père mourant était faite pour émouvoir et convertir son fils. Ce fut un dernier conseil dont l'éloquence pénétra dans l'âme attendrie de Napoléon, et s'y fixa, pour être le frein de ses passions pendant sa vie, et un modèle à ses derniers instants.

La mort possède quelque chose d'excessif et de souverain qui impose ; la réflexion l'accepte ou plutôt la subit comme une nécessité, et cependant n'ose en regarder l'abime sans frémir ; mais il n'est rien de comparable à ce que nous ressentons à la mort

d'un père. Le coup qui le renverse à terre,
et dont il ne se relevera pas, ébranle tout
notre être par une secousse profonde.
L'aile du spectre, en passant, nous souffle
au visage ce vent froid qui doit prochai-
nement nous atteindre et nous renverser
nous-mêmes : frappés dans notre racine,
nous savons, à cette heure-là, par une
révélation particulière, la vanité de notre
existence et de tout ce qui passe; nous le
sentons dans nos fibres les plus intimes. Dieu
même nous parle et fait pénétrer la vérité
dans la moëlle de nos os. Que le mondain
qui n'est que bruit, mensonge et futilité,
soit vraiment sourd, ou feigne de l'être à
un tel avertissement, à la bonne heure!
Mais dans une âme qui n'est pas évapo-
rée, naturellement grave, sérieuse et médi-
tative, qui se possède, docile à l'étude, aux
impressions de l'esprit et à la voix de la conscience; qui s'amende elle-même, qui écoute

les idées , et distingue les principes , précoce
et silencieuse , pleine d'un mépris naturel
pour le vice , impérieuse à l'égard des sensations, préoccupée déjà des plus hauts mystères de la politique et de la religion; qui adore
le Dieu esprit; fidèle encore au Christianisme, dont elle ne s'éloigne qu'avec hésitation ;
quel coup de tonnerre que la mort édifiante d'un père, quelle lecture que celle
d'un testament chrétien, pour retirer de
la corruption des idées folles! pour faire
revenir de ses lectures romanesques un
jeune homme, un instant égaré, sur qui la
Providence a des vues ! Loin des passions,
isolé du monde , si le germe de l'avarice
ou l'égoïsme ne l'ont point contaminé , un
fils est tout entier à lui-même, à la nature, pour sentir la perte d'un père. Tel
était Napoléon, élève de l'École Militaire; il
n'avait pas encore mis le pied hors du sanctuaire de l'éducation, quand son père,

âgé seulement de 39 ans, lui fut tout d'un coup ravi au milieu d'une carrière de plaisir et d'ambition. Voici la réflexion qui se présenta d'elle-même à un jugement excellent : « La vie est un léger songe qui se dissipe », parole extraite littéralement d'une lettre de Napoléon à son frère Joseph. « Mais qu'elle est épouvantable la réalité qui domine et brise ainsi l'existence humaine ! »

Le 25 mars 1785, Napoléon, par suite de cette perte douloureuse, écrivit, de l'École Militaire, à son grand-oncle, l'archidiacre d'Ajaccio, une lettre, dont l'autographe existe, ainsi conçue :

« Mon cher oncle,

» Il serait inutile de vous exprimer combien j'ai été sensible au malheur qui vient

de nous arriver. Nous avons perdu en lui
un père, et Dieu sait quel père ! Quelle était
sa tendresse, son attachement pour nous !
Hélas ! tout nous désignait en lui le soutien
de notre jeunesse. Vous avez perdu un neveu
obéissant, reconnaissant : ah ! mieux que
personne, vous sentiez combien il vous aimait ! La patrie, j'ose même le dire, a perdu
par sa mort un citoyen zélé, éclairé et désin-
téressé. Les dignités dont il a été plusieurs
fois honoré montrent assez la confiance
qu'avaient en lui ses concitoyens ; et cependant, le ciel l'a fait mourir ! En quel en-
droit ? à cent lieues de son pays, dans une
contrée étrangère, indifférente à son existence, éloigné de ce qu'il avait de plus précieux. Un fils, il est vrai, l'a assisté dans
ce moment terrible. Ce dut être pour lui
une consolation, mais non comparable à
la triste joie qu'il aurait éprouvée s'il avait
terminé sa carrière dans sa maison, près

18.

de son épouse et de toute sa famille ; mais l'Être-Suprême ne l'a pas ainsi permis. Sa volonté est immuable. Lui seul peut nous consoler. Hélas ! s'il nous a privés de ce que nous avions de plus cher, il nous a laissé encore des personnes qui peuvent le remplacer. Daignez donc nous tenir lieu du père que nous avons perdu : notre attachement, notre reconnaissance, seront proportionnés à un service si grand. Je finis en vous souhaitant une santé semblable à la mienne.

» J'ai l'honneur d'être, avec respect, votre très humble et très-obéissant neveu,

» NAPOLÉON DE BUONAPARTE. »

Le 28 mars, il écrivit à sa mère :

« MA CHÈRE MÈRE,

» Aujourd'hui que le temps a un peu

calmé les premiers transports de ma douleur, je m'empresse de vous témoigner la
reconnaissance que m'inspire la bonté que
vous avez pour nous. Nous redoublerons de
soins et de reconnaissance; et heureux si
nous pouvons, par notre obéissance, vous
dédommager un peu de la perte d'un époux
chéri ! Je termine, ma chère mère (ma douleur me l'ordonne), en vous priant de calmer
la vôtre.

» J'ai l'honneur d'être, avec respect, votre
très affectionné fils,

» NAPOLÉON DE BUONAPARTE. »

Madame Létizia avait eu treize enfants,
quand elle devint veuve, âgée seulement de
29 ans ; elle n'en a pas moins vécu plus de
80 ans, jouissant de la plus robuste santé, et
même, jusque dans la maturité de son âge,

de tout l'éclat de sa beauté, admirablement régulière, juste et ordinaire récompense de la femme forte, qui met sa gloire et son bonheur dans sa fécondité. De ces 15 enfants, huit seulement ont vécu et sont parvenus à l'âge d'homme. Tous les huit se sont assis ou ont refusé de s'asseoir sur des trônes. Que de familles, mutilées par la mort, descendent lentement tout entières au cercueil, pleurant trop tard leur fécondité détruite et l'isolement d'un veuvage ou d'un hymen stérile, dont elles peuvent accuser leur volonté plus encore que la nature !

La profonde mélancolie, le laconisme tendre et impérieux de ces lettres, le sentiment d'une douleur si grave et si solennelle, la précision des idées, la propriété de l'expression, ce langage mesuré, ce mélange rare d'obéissance respectueuse et de dignité mâle, tout cela, certes, n'est ni d'une âme commune, ni d'un jeune homme ordinaire !

Napoléon ne fut confirmé que quelques semaines après les avoir écrites, le 15 mai 1785. Dieu, par une grâce particulière, fit coïncider le sacrement des forts et de la perfection du fils avec les sacrements de la mort et de la perfection du père. Nous laissons au lecteur à juger des heureuses et saintes dispositions qu'il apporta, dans l'accomplissement d'un devoir religieux aussi solennel, rendu plus solennel encore par une mort environnée de telles circonstances. Ainsi, lui qui avait fait, à Brienne, une excellente première communion, et qui, jusqu'à sa sortie de cette école, avait rempli tous ses devoirs religieux avec la régularité édifiante d'un écolier parfait, indécis dans sa foi un moment, à l'École Militaire, se trouve, par un de ces coups de la grâce presque miraculeux et si fréquents dans la vie du chrétien, se trouve raffermi, et reçoit le sacrement de confirmation, précédé nécessairement de la communion, avec plus de piété encore qu'il n'en avait montré à Brienne; cependant notons une différence essentielle : là, c'était la piété d'un enfant; ici, c'est celle d'un homme. Maintenant, ouvrez les portes de l'École Militaire; laissez sortir Napoléon : c'est un chrétien confirmé qui sort, et vous verrez ensuite, à travers mille épreuves terribles, le chrétien reparaître toujours.

Le 16 août 1785, le conseil de famille, rassemblé à Ajaccio, nomme l'archidiacre Lucien pour être le tuteur des enfants de son neveu. Ainsi, désormais, c'est le prêtre vénérable qui a présidé à la première enfance de Napoléon qui va guider sa jeunesse et présider à son entrée dans le monde !

A la veille de quitter l'École Militaire, quand Napoléon s'apprête à passer son dernier examen, qui va le mettre en possession de son brevet d'officier, il rédige un Mémoire qu'il adresse au père Berton, sous-principal à Brienne. C'est une critique du plan d'éducation suivi à l'École Militaire ; il y démontre « qu'il est impossible, avec
» ce plan, d'atteindre le but que tout gou-
» vernement sage doit se proposer. Il pré-
» tend que les élèves du roi, tous pau-
» vres gentilshommes, n'y peuvent puiser,
» au lieu des qualités du cœur, que l'a-
» mour de la gloriole, qui les ferait
» rougir peut-être de l'humble fortune
» des auteurs de leurs jours et dédaigner
» leur modeste manoir. Ne serait-il pas
» mieux, disait-il, de faire manger aux

» élèves du roi du pain de munition, au
» lieu de leur donner journellement des
» repas à deux services ? ne serait-il pas
» mieux de les habituer à battre leurs ha-
» bits, à nettoyer leurs souliers et leurs
» bottes ? Assujettis à une vie sobre, à soi-
» gner leur tenue, ils en deviendraient
» plus robustes, sauraient braver les
» intempéries des saisons, supporter avec
» courage les fatigues de la guerre, enfin
» inspirer le respect, le dévouement aux
» soldats qui serviraient sous leurs or-
» dres. »

Tel fut le dernier mot de l'écolier à ses maîtres. Pour clore notre récit, résumons-en les faits succinctement. Nous n'avons pas craint de nous y arrêter avec complaisance, dans l'espoir de quelque clarté nouvelle : sans doute, ce n'est encore qu'un écolier, mais cet écolier c'est

bien Napoléon, et déjà l'esquisse, à peine
tracée, trahit quelque chose de plus parfait
que la physionomie de César. L'aptitude
décidée pour les mathématiques indique le
génie organisateur de nos conquêtes et de
nos victoires. Ce style clair et précis a
déjà les qualités des harangues militaires
qui électriseront les armées. Cette volonté
forte, qui va d'abord à son but, sera bientôt
l'irrésistible élan de l'aigle impériale vers sa
proie. Ce jeune insulaire, qui se tient à
l'écart de ses camarades, ne fait-il pas l'apprentissage de l'isolement du trône? Celui
qui s'impose par son mérite et sa capacité
aux écoliers de Brienne, pour présider à
leurs jeux militaires, malgré les rivalités injurieuses de naissance et de nationalité, im-
posera plus tard à la France le joug de la souveraineté de son génie. Le goût inné du travail
décèle l'esprit actif qui va déblayer les ruines
d'un sol labouré par l'ouragan révolution

naire; son laconisme est le symbole de l'empire : son tendre et profond respect pour sa
mère est un gage prophétique de ses sentiments religieux et de la restauration de
l'Église catholique : jusqu'aux deux duels
de Brienne et de l'École Militaire, qui
nous disent la susceptibilité d'âme de celui
dont l'existence ne sera qu'un long duel
contre tous les souverains de l'Europe :
tous ces indices, en un mot, sont ceux
d'un héroïque caractère, et les attributs
d'une âme magnanime. L'on peut augurer
de cet enfant, qui a une foi vive et parfaite en Dieu, avec la conscience prématurée du phénomène des idées : dont le cœur
patriotique est animé d'un vif et inaltérable
souvenir de l'assujettissement injurieux
de son pays natal; qui prend pour sa
lecture favorite les grands hommes de
Plutarque; certes, l'on peut augurer de
lui des choses relevées et souveraines. Ces

linéaments sont ceux des qualités et des vertus, qui s'harmonisent naturellement dans
la formation de l'individualité d'un grand
homme. Enfin, cette critique de l'éducation
de l'ancien régime, ces idées mâles et har-
dies semées dans cette prose nerveuse d'un
écolier, qui en fait hommage et les soumet à
un maître qu'il estime : voilà le naissant feuil-
lage et l'odeur du laurier, dont la racine
vigoureuse produira la tige, aux vastes rameaux, qui projettera, dans tout l'Univers,
l'ombre du génie et de la gloire militaire du
général Bonaparte et de l'empereur Napo -
léon.

Si quelqu'un s'écrie : « Et l'ombre des
défauts !... » Patience, je ne suis pas idolâtre
de la gloire d'un monde qui passe et que
je méprise : patience !... Le bien, jusqu'ici,
l'emporte sur le mal, et la vérité m'impose
de crier bien haut : « Voilà l'enfant, voilà

l'écolier, à qui Dieu donnera, tout à l'heure, un sceptre de droit divin et le premier trône de l'Univers. »

FIN.

TABLE

DES CHAPITRES ET SOMMAIRES.

—

FIN DE LA TABLE.

www.ingramcontent.com/pod-product-compliance
Lightning Source LLC
LaVergne TN
LVHW021539170726
843501LV00004B/1120